Tracce di Blu

Fabiola Naldi

sartoria editoriale

Tracce di Blu
di Fabiola Naldi

© 2020 Postmedia Srl, Milano

Copertina: Blu cancella la facciata dell'XM24, Bologna 12 marzo 2016

www.postmediabooks.it
isbn 9788874902958

Questa non è un'introduzione

*L'arte autodistruttiva è la trasformazione
della tecnologia in arte pubblica[1].*

*Per tutto il secolo, gli artisti hanno attaccato i metodi prevalenti
di produzione, distribuzione e consumo d'arte. Questi attacchi
all'organizzazione del mondo dell'arte hanno acquisito ulteriore slancio
negli ultimi anni. Questa lotta, finalizzata alla distruzione dei sistemi
esistenti di marketing e clientelismo pubblico e commerciale, può essere
portata a una conclusione positiva nel corso del presente decennio[2].*

Il libro di cui fa parte questo testo iniziale è la summa di un'amicizia; allo stesso tempo raccoglie molti dei motivi per cui, negli ultimi vent'anni, ho deciso di occuparmi di spazio pubblico nella versione più controversa, complessa e radicale degli esempi possibili. Sinceramente non so se i tanti termini che si trovano nelle numerose pubblicazioni dentro e fuori il confine italico possano essere "adeguati": Aerosol Art, Graffiti Writing, Street Art, Urban Art, Public Art, Muralismo, Vandalismo Grafico[3], potrei proseguire ma la questione non cambia. Siamo di fronte a un numero infinito di pratiche che di base si muovono entro regole precise[4], ma, al contempo, tentano di scartarsi da alcuni limiti imposti dalla disciplina per volgere verso un'autorialità tanto marcata da divenire "firma" riconoscibile.

Sento già le voci degli amici che dipingono in strada che mi richiamano al fatto che il Graffiti Writing e la Street Art non sono la stessa cosa (io, a dire il vero, l'ho scritto in diverse occasioni); ritengo che le priorità attuali non siano solo evidenziare le sostanziali differenze che tengono "a debita distanza" le due pratiche, bensì il fatto che molti degli artisti attualmente attivi operino sempre più in pratiche solitarie, sporadicamente collettive e con precisi codici espressivi. Una buona parte della mia "storia" critica e curatoriale si è svolta proprio nella strada, letteralmente sull'asfalto, in un rapporto incredibile quanto contrastato con le istituzioni, le amministrazioni pubbliche e con gli artisti.

Con alcuni di loro mi sono trovata diverse volte a riflettere sulle responsabilità reciproche dell'operare nel territorio, evidenziando processi coerenti ma al contempo estremamente paradossali sopratutto verso quelle forze sistemiche tante volte osteggiate proprio dai loro interventi estetici. In parte tutto ciò è intrinseco al "processo" artistico e alla crescita culturale di tali pratiche ma qui, in questo piccolo libro, parlo di un autore che poco alla volta, acquisendo maturità e consapevolezza, ha compreso che se valeva la pena "correre", la fuga doveva essere opposta alle realtà interne al sistema artistico.

Per questo le mie "collaborazioni" con Blu non sono recenti, ma sono accadute in tempi distanti e quasi incredibili se si pensa come spesso oggi si considerano le pratiche pittoriche nello spazio pubblico. Probabilmente il 2016, e quanto accaduto a Bologna il 11 e il 12 marzo[5], è stato l'apice della parte libera e consapevole di un modo preciso di intendere lo spazio urbano. Certamente ci sono ancora autori che proseguono a lavorare in modo risoluto e a volte ancora antagonista, ma la deriva più decorativa, edonistica e restaurativa detiene il primato.

L'arte autodistruttiva è l'arte che racchiude in sé un agente che porta automaticamente alla sua distruzione in un arco di tempo non superiore ai venti anni. Altre forme di arte autodistruttiva implicano la manipolazione manuale. Ci sono forme di arte autodistruttiva in cui l'artista ha uno stretto controllo sulla natura e sui tempi del processo disintegrativo, e ci sono altre forme in cui il controllo dell'artista è minimo[6].

Ciò che il lettore troverà qui di seguito è quindi un meta testo che supporta alcuni saggi più o meno inediti scelti con l'editore. Una sorta di *matrioska* da aprire per trovarne un'altra magari più piccola, ma piena di spunti, riflessioni e aneddoti. Un altro elemento imprescindibile per affrontare la lettura è che questo non è un libro su Blu: certamente qui ci sono i testi che io ho scritto per lui, per le collaborazioni che ho svolto con lui o le mostre che ho curato a cui lui ha deciso di partecipare, ma sta al lettore contestualizzare il tutto in un arco di tempo preciso che coincide con gli anni "d'oro" della Drawing Art[7].

Habitus

Molti degli operatori culturali attivi in strada a partire dai primi 2000 hanno modificato la percezione, l'occupazione e la condivisione di ciò che fino a quel momento veniva considerato lo spazio pubblico. La fisionomia della città, e alcune sue parti divenute "celebri" proprio per gli interventi di autori come Blu, si è modificata in virtù di quelle improvvise presenze, spesso pittoriche, che hanno reso la città per alcuni aspetti più "preziosa". La società che compone lo spazio urbano si definisce anche in virtù di alcuni interventi divenuti nel tempo parti imprenscindibili dei luoghi[8]. Con questo si ha inevitabilmente a che fare quando si parla di arte pubblica, relazionandosi con un insieme di processi non solo artistici, economici e valoriali che fanno di una precisa parte di città un luogo in cui molte persone tornano. E non si parla in questo caso di monumenti, quindi di celebrazioni o commemorazioni di fatti o persone, ma di un'area anonima, a volte suburbana e periferica divenuta centrale anche per la presenza di un intervento di questo tipo.

Il capitale culturale è un avere divenuto essere, una proprietà fatta corpo, diventata parte integrante della persona, un habitus[9].

L'*habitus*, teorizzato da Pierre Bourdieu nella seconda metà degli anni Settanta, influenza inevitabilmente sia la nostra società sia l'economia che l'amministra, scontrandosi anche con alcune parti di essa. Se pensiamo ai vagiti espressivi del Graffiti Writing americano di prima generazione, allora il termine coniato da Bourdieu può tornare utile al nostro discorso. A partire da quegli anni newyorkesi in poi, la *tag* prima e i *pezzi* più strutturati in seguito si sono trasformati in una nuova proposta di "capitale umano e culturale". Dopo più di cinquant'anni, e molte variazioni di stili e contenuti, quel capitale iniziale che chiamiamo arte urbana si è ulteriormente modificato. Pierre Bourdieu, parlando ancora dell'*habitus*, afferma che nella rilevazione di tale concetto di *economia diffusa*, sfugge, spesso, una parte di questo cambiamento in grado di trasformare il "capitale economico" in "capitale simbolico".

Catalizzatore di fenomeni sociali, la città è quel coacervo di vite e di percorsi in cui l'esperienza contemporanea si concentra e più velocemente si sviluppa, in cui le questioni si formulano e diventano cruciali, in cui le risposte si fanno più urgenti[10]. Il capitale simbolico, quello contro il quale molti artisti nel corso del Novecento si sono scontrati e battuti, è effimero ma perpetuo, irraggiungibile ma percepibile, immateriale ma concreto. E quando quel valore vuole essere calcolato o tutelato, allora lo stesso si svalorizza, scatenando l'ira di coloro che preservano la temporalità e la mortalità. Di questo parlo nel libro e, indipendentemente dal gesto radicale di Blu a Bologna, il divario insormontabile fra queste due tipologie di capitale è sempre più evidente, anche e per colpa di contesti che si credono simbolici e sono, al contrario, totalmente economici.

Destroy Vs Cancel ovvero «cancella, cancella, qualcosa resterà»[11]

Quando si decide di studiare e lavorare con l'arte urbana il primo elemento da tenere in considerazione è che ciò che si vede oggi potrebbe non esserci più il giorno dopo. In parte, se parliamo di Graffiti Writing il processo di realizzazione, di copertura e di ulteriore intervento è quasi fisiologico ed è parte dalla regola (spesso infranta) del *going over*[12]. Per l'arte urbana la "mortalità" di un intervento è quasi inevitabile, ed è elemento intrinseco dello stesso processo.

Nel 2002 Bruno Latour e Peter Weibel organizzano una mostra dal titolo *Iconoclash: Beyond the Image Wars in Science, Religion, and Art* presso lo ZKM di Karlsruhe[13]: il termine rimanda al processo per il quale le immagini si affermano e si negano allo stesso tempo; una delle caratteristiche fondamentali delle immagini, per Bruno Latour, è la loro intrinseca capacità di scatenare forti emozioni che nel corso della storia sono state rappresentate tramite la loro distruzione. Il termine per descrivere questo processo è iconoclastia ma alla base della violenza iconoclasta[14], del fatto quindi di considerare le immagini come possibili luogo di scontro, risiederebbe la forza dell'iconoclash.

Latour sceglie un termine come iconoclash per evidenziare «un'ambiguità, un'esitazione su come si devono interpretare rispettivamente la creazione d'immagini e (contemporaneamente) la loro distruzione»[15]. La parola composta include quella zona ambigua in cui non è chiaro se l'immagine possa sopravvivere al tempo o essere distrutta. In particolar modo, nel rifiuto della traduzione mimetica dell'esperienza estetica a partire dagli ultimi decenni del XIX secolo, la storia della cultura visuale novecentesca ha dato origine a un modello differente di iconoclastia: più l'arte è divenuta sinonimo di distruzione dell'arte stessa e più si è moltiplicata, criticata, venduta e anche idolatrata. Gli ultimi decenni dall'espansione della rete tecnologica hanno prodotto visioni e immagini così potenti da rendere sempre più difficile e quasi irraggiungibile la possibilità di poterle possedere, toccare, trasportare e anche distruggerle o cancellarle[16].

Protesta, gesto artistico, azione vandalica, atto casuale/caotico o molto più semplicemente l'arte della distruzione e la distruzione dell'arte. Partendo dalla negazione dell'immagine e dall'iconoclash di cui parla Latour, *La sparizione dell'arte* di Jean Baudrillard ci aiuta a supportare tale pensiero: «Come i barocchi, noi siamo creatori sfrenati di immagini, ma segretamente siamo iconoclasti. Non di quelli che distruggono le immagini, ma di quelli che ne fabbricano a profusione dove non c'è niente da vedere»[17].

A questo proposito, e seguendo tale riflessione, possiamo solo immaginare quale tipo di auto determinazione si possa essere scatenata quando Blu ha scelto di coprire di grigio tutti gli interventi da lui realizzati nel corso dei suoi anni bolognesi. L'aggressione verso le immagini rappresentate sui muri del capoluogo emiliano romagnolo non giunge da una folla inferocita per qualche azione incriminata, bensì dallo stesso autore di quelle opere, di quelle immagini oramai divenute parte imprenscindibile della cornice iconografica della città. Per Blu la violenza non è da imputare al suo gesto, supportato dagli attivisti dei centri sociali Crash e XM24 ma a coloro che hanno "distrutto" l'opera murale, strappandola dalla sua unica e possibile collocazione in nome di una logica di preservazione, fondamentale per altri contesti pittorici ma opposto al lavoro di Blu. Non ho mai pensato che la pratica del restauro,

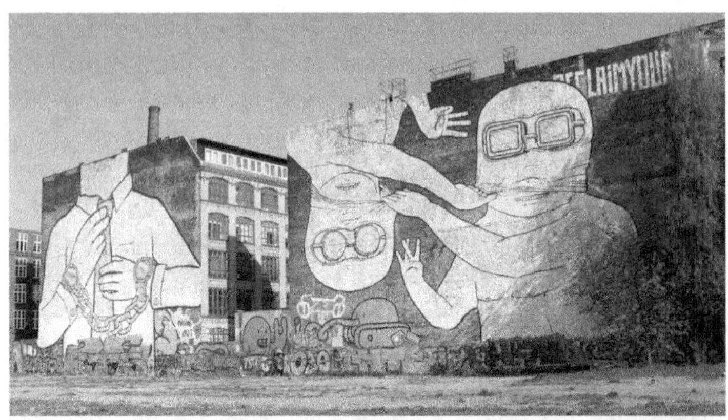
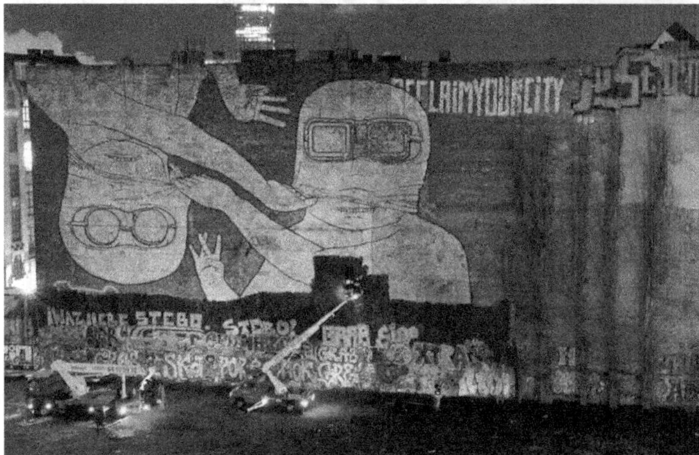
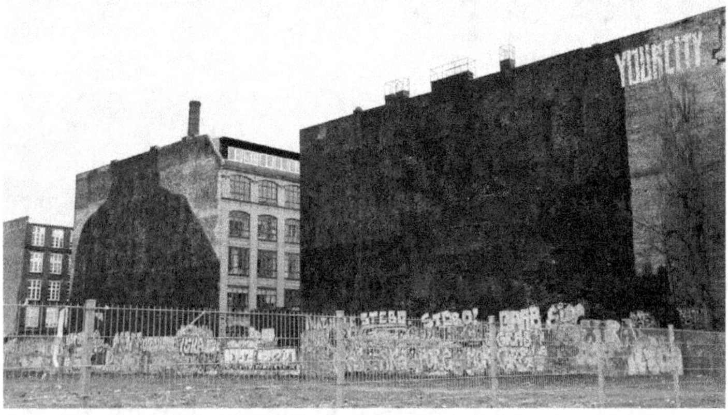

Blu con JR, *Brothers e Chain*, 2007-2008, prima e dopo la cancellazione nel quartiere di Kreuzberg, Berlino 2014

laddove sia possibile o voluta dallo stesso autore sia sbagliata; in alcuni casi lo stesso processo pittorico prevede che nel tempo, se lo stesso intervento resiste a intemperie naturali o meno, venga "sistemato", rinfrescato o addirittura restaurato dallo stesso autore (quando questo è ancora vivo). Ma nell'intrinseca legge mai scritta delle operazioni di Drawing Art, illegali o meno, lo statuto dell'opera si definisce tramite la componente effimera ed instabile. Modificare tale valore, se l'operatore culturale non ha espresso affermazioni opposte, significa annientare *l'aura* dell'intervento, neutralizzare l'istituzione filosofica del gesto, dell'azione e del suo contenuto. È il dibattito più accesso, controverso ed eterogeneo degli ultimi anni, considerando l'importanza di alcuni interventi realizzati: le voci che si accavallano, si contrastano e si negano l'un l'altra hanno dato vita a convegni, saggi, riflessioni e lunghi dibattiti[18]. Risulta importante in questa sede ricordare il primo caso di auto cancellazione messo in atto da Blu. Nella notte tra giovedì 11 e venerdì 12 dicembre 2014, *Brothers* e *Chain*, questi i titoli delle due opere dipinte nel 2007 e nel 2008 all'interno della manifestazione *Planet Prozess*[19] su due edifici in Cuvrystrasse a Berlino, vengono coperte da una densa pittura nera[20]. In quell'occasione, come anche nel marzo 2016 a Bologna, Blu parla chiaro su quale deve essere il destino dei suoi interventi. Almeno stando alla sua volontà, perché in realtà sono molti i casi in cui è accaduto proprio il contrario.

Fight Specific

Ricordo chiaramente una lunga giornata di dibattito nei primi 2000 all'Isola[21] a Milano in cui la sottoscritta, Bert Theis, Alessandra Pioselli e molti altri discutemmo sulle possibilità e sulle responsabilità produttive che avrebbe dovuto avere uno spazio pubblico in relazione alla gentrificazione in atto in molte metropoli del mondo. È a Bert Theis che dobbiamo il termine *fight specific*; un concetto eterogeneo e complesso che a quel tempo si radicava concettualmente alle teorie del *site specific*[22] comune al processo artistico delle Seconde Avanguardie del XX secolo. Quel termine già allora non bastava più perché la strada, lo spazio

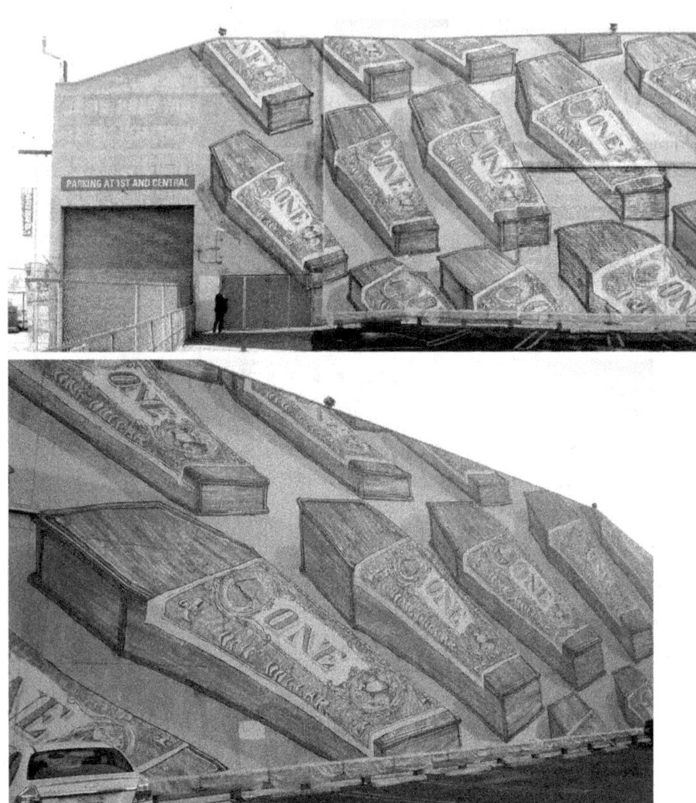

Blu, MoCA, muro nord della Geffen Contemporary, Los Angeles, 2010

pubblico, le comunità coinvolte nel tessuto urbano e le varie forme di antagonismo stavano radicalmente mutando[23]. Quando ascoltai Bert Theis parlare delle nuove responsabilità dell'operatore culturale in un periodo storico che si faceva carico di nuove ed eterogenee istanze espressive, ritenni che quel termine fight specific potesse essere quello più idoneo proprio alle pratiche di arte urbana. La specificità dell'intervento e dell'approccio al contesto, come la critica e la denuncia intrinseche a molti interventi di Street Art si mostrano omologhe al pensiero fight specific anche quando quelle stesse pratiche antagoniste per natura si relazionano con le varie forme di potere.

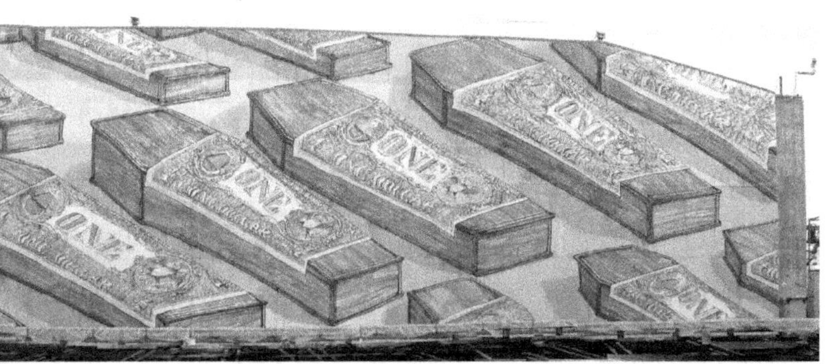

*Il profeta cede il passo all'interprete critico: l'artista contempo-
raneo, non più alieno e contrapposto rispetto a una società
parruccona e in definitiva tetragona alle sollecitazioni cognitive,
declina con efficacia i bisogni emergenti della comunità, e
inserisce la propria opera in un contesto organico, non più
autoreferenziale ma capace di innescare una fertilizzazione
reciproca continua con le istanze che scaturiscono dalle
aggregazioni sociali, con le nuove consapevolezze degli individui
e delle comunità, con la ricerca di senso e di qualità nella vita
quotidiana all'interno del palinsesto urbano e territoriale[24].*

La "poetica dell'attenzione" di cui parla Gabi Scardi si concentra
sui quei luoghi in cui, quando l'arte "accade", lo fa non in modo
presuntuoso, affatto profetico e tenendo in ampia considerazione
ciò che il territorio offre naturalmente. Se pensiamo ai molti
casi di arte pubblica ci rendiamo immediatamente conto che
in realtà non ha una specifica definizione, basata su elementi
generici sostenibili attraverso metodi e processi molto differenti
fra loro. E, a bene pensare, anche il concetto di pubblico si è
modificato e in parte trasformato, ricordando che è pubblico
tanto il fruitore dell'opera quanto lo spazio entro il quale avviene
la fruizione della stessa. Un luogo pubblico indica generalmente
uno spazio condiviso, comune e spesso di passaggio. E quindi,
alla luce dei molti e recenti esempi di arte pubblica è inevitabile
domandarsi che cosa sia ora lo spazio pubblico e con esso,

come si muovono coloro che lo abitano. Se pensiamo ai molti esempi di arte urbana, in tutte le sue eterogenee manifestazioni, lo spazio pubblico è un campo di azione e reazione poiché stimola la comunità a reagire, provocando mobilitazione culturale. A supporto di quanto appena detto, il pensiero dello storico dell'arte olandese Rudi Fuchs pone questioni urgenti e molto attuali:

> *[...] Il problema sociale dell'arte pubblica non consiste nel fatto che l'artista ponga la propria esperienza in un luogo pubblico, quanto la consapevolezza che un'opera per la città è qualcosa di diverso da un'opera fatta nell'intimità del proprio studio [...]*[25].

Come non si può leggere o interpretare processi artistici allo stesso modo e nello stesso tempo, non considerando anche aspetti sostanziali alle stesse pratiche così non si può pensare di destituire una parte del discorso concettuale fuori dai contesti di appartenenza. Contrapporre, paragonare o assimilare gli interventi pittorici e murali di ultima generazione agli "affreschi" o dipinti di tempi antichi o riconoscere il valore artistico della street art non tenendo in considerazione il suo libero diritto all'eutanasia visiva comporta effetti inaspettati e altrettanto pericolosi.

I Would Prefer not to[26]

«Preferirei di no» dice Bartleby al suo datore di lavoro dopo solo poche settimane di attività. Una storia alquanto controversa, ancora oggi densa di mistero e aperta a molte interpretazioni. Ambientata a New York City in pieno Ottocento, il personaggio silenzioso, tanto mite quanto minaccioso, di Bartleby ancora oggi destabilizza l'anima nera del potere anche solo per il fatto che si possa dire NO a chi offre lavoro, possibilità o prestigio. Se nella vecchia Europa di fine Ottocento la figura dell'impiegato inizia a essere vista come modello negativo schiacciato in una vita priva di evasione, in America la condizione di lavoratore viene ancora vista l'inizio di una scalata verso un successo senza limiti.

A distanza di quasi due secoli dalla sua prima pubblicazione la scelta di non fare nulla e non rispondere alle richieste lavorative del datore di lavoro amplifica quel tono mite ma al contempo sovversivo perché si dichiara estraneo al meccanismo produttivo e sistematico, si rende scomodo e si afferma soggetto attivo, fuori dalle dinamiche sociali del tempo.

Quanto si può ancora dire NO al giorno d'oggi? Quanto costa parlare per negare o rifiutare una proposta, un invito, uno *status quo*? Quanto può essere compreso o frainteso chi osserva un comportamento sotto molti aspetti ingiustificato, controproducente e autodistruttivo? Ciò che a volte è una scelta difficile, controversa e controproducente spesso viene considerata una posizione fin troppo radicale e altezzosa. Viviamo in un epoca storica in cui non è ammissibile il contrario, non è compreso l'oppositore (a meno che non faccia molto molto rumore), non è accettato il diverso. Nel sistema artistico tutto ciò è all'ordine del giorno; impensabile che un'artista non sia presente alle proprie inaugurazioni, incomprensibile che lo stesso rifiuti inviti, inaccettabile che l'artista in questione decida anche di non mostrarsi e proprio per questa presenza assente (con un crescendo di curiosità chiaramente morbosa) possa essere un impostore. Tutto questo e il contrario di questo credo possa andare bene per "leggere" le tracce che Blu ha lasciato anche dove ora una macchia grigia copre qualcosa che ancora resta nascosto e coperto. La sua scelta più radicale si è scontrata con un conformismo che per molti aspetti non ha compreso il gesto trasgressivo, e in parte visivamente "violento" destinato fatalmente ad infrangersi contro l'ineluttabile *moloch* che è la nostra società. Ma l'aspetto più intrigante e imprescindibile è dato dall'elemento della distruzione apparente tramite un gesto che si è dimostrato essere la sua più grande opera. Proprio come aveva affermato, quasi in tono profetico, Gustav Metzger: «la distruzione in arte non significa la distruzione dell'arte».

1. «[...] Auto-destructive art is the transformation of technology into public art [...]» in Gustav Metzger, *Auto-Destructive Art Manifesto,* 1960

2. «Throughout the century, artists attacked the prevailing methods of production, distribution and consumption of art. These attacks on the organization of the art world have gained momentum in recent years. this struggle, aimed at the destruction of existing commercial and public marketing and patronage systems, can be brought to a successful conclusion in the course of the present decade [...]» in Gustav Metzger, *Art into Society-Society into Art. Seven German Artistis,* Institute of Contemporary Arts (ICA), Londra 1974, p 79

3. Questo è un termine usato per lo più a livello locale e di cui, in parte, mi sento responsabile; per anni (e purtroppo ancora oggi) sulla stampa bolognese i termini legati agli interventi spontanei e non riconoscibili entro le maglie degli stili del Graffiti Writing erano sempre dispregiativi e univano sommariamente i più diversi ambiti. In occasione del progetto *Frontier* curato con Claudio Musso (in collaborazione con Dado) dal 2012 fino al 2016 a Bologna, manifestammo spesso la volontà di utilizzare un linguaggio meno aggressivo, meno generalista e con la volontà di diversificare le pratiche di scrittura sui muri

4. Sono "regole" orali per lo più tramandate di crew in crew (quindi per lo più nel Graffiti Writing) a partire dalla fine degli anni Sessanta in America e poi "esportate" in Europa sul finire dei Settanta e modificate o abbandonate nel filone Street Art fra gli Ottanta e i Novanta

5. Per l'approfondimento sulla cancellazione dei muri a Bologna nel 2016 rimando al testo *Era Blu* nel presente volume

6. «[...] Auto-destructive art is art which contains within itself an agent which automatically leads to its destruction within a period of time not to exceed twenty years. Other forms of auto-destructive art involve manual manipulation. There are forms of auto-destructive art where the artist has a tight control over the nature and timing of the disintegrative process, and there are other forms where the artist's control is slight [...]» in Gustav Metzger, *Auto-Destructive Art Manifesto,* 1960 in http://www.ubu.com/papers/metzger_auto-destructive.html

7. È l'unico modo in cui mi sento di "etichettare" parte delle sue pratiche - fu proprio lui, quando glielo chiesi, a dirmi che quel termine poteva essere adeguato

8. Pensiamo a Five Points a New York City recentemente distrutto, all'edificio in via Leoncavallo in cui aveva sede il Centro Sociale Leoncavallo fino al 1994 a Milano, la facciata dell'XM24 a Bologna o alcune parti del muro della striscia di Gaza in cui Banksy e lo stesso Blu hanno dipinto nei primi 2000

9. Pierre Bourdieu, *Les trois Ètats du capital culturel,* in *Actes de la recherche en sciences sociales,* vol. 30, novembre 1979, pp 3-6

10. G. Scardi (a cura di), *Paesaggio con figura. Arte, sfera pubblica e trasformazione sociale,* Allemandi Editore, Torino 2011, p 23

11. Uno dei tanti slogan inventati dal movimento studentesco del 1977 a Bologna

12. La regola del *going over* prevede che un membro di una crew decida di sfidare un altro writer, coprendo un pezzo con un altro intervento o realizzandone un altro su pareti proibite o altezze irraggiungibili e pericolose

13. B. Latour - P. Weibel (a cura di), *Iconoclash: Beyond the Image Wars in Science, Religion, and Art,* catalogo della mostra, ZKM - Zentrum fur Kunst und Medien, Karlsruhe 2002

14. Pensiamo al recente caso della distruzione violenta ed aggressiva di alcuni monumenti, icone del potere bianco americano, dopo l'omicidio di George Floyd e la costituzione del movimento *Black Lives Matter*

15. Bruno Latour, *Che cos'è Iconoclash?* in A. Pinotti - A. Somaini (a cura di), *Teorie dell'immagine. Il dibattito contemporaneo,* Raffaello Cortina Editore, Milano, 2009, pp 287-331

16. Pensiamo al caso emblematico di Banksy, a tale riguardo si legga l'intervento di Susan Hansen, *Smontare la cornice. Street Art come forma estetica di protesta* in F. Naldi - C. Musso (a cura di), *Frameless / Senza Cornice. L'opera d'arte tra supporto, contesto e città,* Danilo Montanari Editore, Ravenna, 2019, pp 63 - 71

17. Jean Baudrillard, *La sparizione dell'arte,* Abscondita Edizioni, Milano 2017 (1988)

18. Nel 2009 a Dozza organizzai una giornata di studi promossa dal MAMbo - Museo d'Arte Moderna di Bologna in occasione della XXII Biennale del Muro Dipinto. A tale riguardo si veda Fabiola Naldi, *Do the right Wall / Fai il Muro Giusto,* MAMbo Edizioni, Bologna, 2010

19. Così recita il flyer della manifestazione: «Street Art is not static. The natural living space of street art is not the gallery but public urban space! The project „Planet Prozess" will be a beacon for Street Art. It aims to create a dialogue to facilitate the understanding of this manifold form of expression» in https://mensstudies.eu/wp-content/uploads/2017/08/planet-prozess-pressemappe-2007-senatsreservespeicher-berlin.pdf

20. Sul profilo Facebook di Blu il 12 dicembre 2014 appare questo post: «When the Finger Points to the Moon... in 2007 and 2008 I painted two walls at Cuvrystraße in Berlin (with the support of Lutz, Artitude e V. and its volunteers). In 2014, after witnessing the changes happening in the surrounding area during the last years, we felt it was time to erase both walls.»

21. In proposito si veda http://isolartcenter.org/

22. Cfr. Miwon Kwon, *One Place After Another: Site-Specific Art and Locational Identity,* The MIT Press, Cambridge, Massachusetts, 2002; ora anche, *Un luogo dopo l'altro. One Place after Another Arte site-specific e identità localizzativa,* Postmedia Books, Milano 2020

23. Si veda a tale riguardo Alessandra Pioselli, *L'arte nello spazio urbano: l'esperienza italiana dal 1968 a oggi,* Johan & Levi Editore, Milano 2015

24. M. De Luca - M. Trimarchi, *Il sistema della creazione contemporanea: una prospettiva molteplice,* in M. De Luca - F. Gennari Santori - B. Pietromarchi - M. Trimarchi (a cura di), *Creazione contemporanea. Arte società e territorio tra pubblico e privato,* Sossella Editore, Roma 2004, pp 15- 16

25. Angelo Trimarco, *L'arte pubblica come figura dell'abitare,* in Elisabetta Cristallini (a cura di), *L'arte fuori dal museo,* Gangemi Editore, Roma 2008, p 55

26. Herman Melville, *Bartleby lo scrivano: una storia di Wall Street,* Feltrinelli, Milano 2015 (1853)

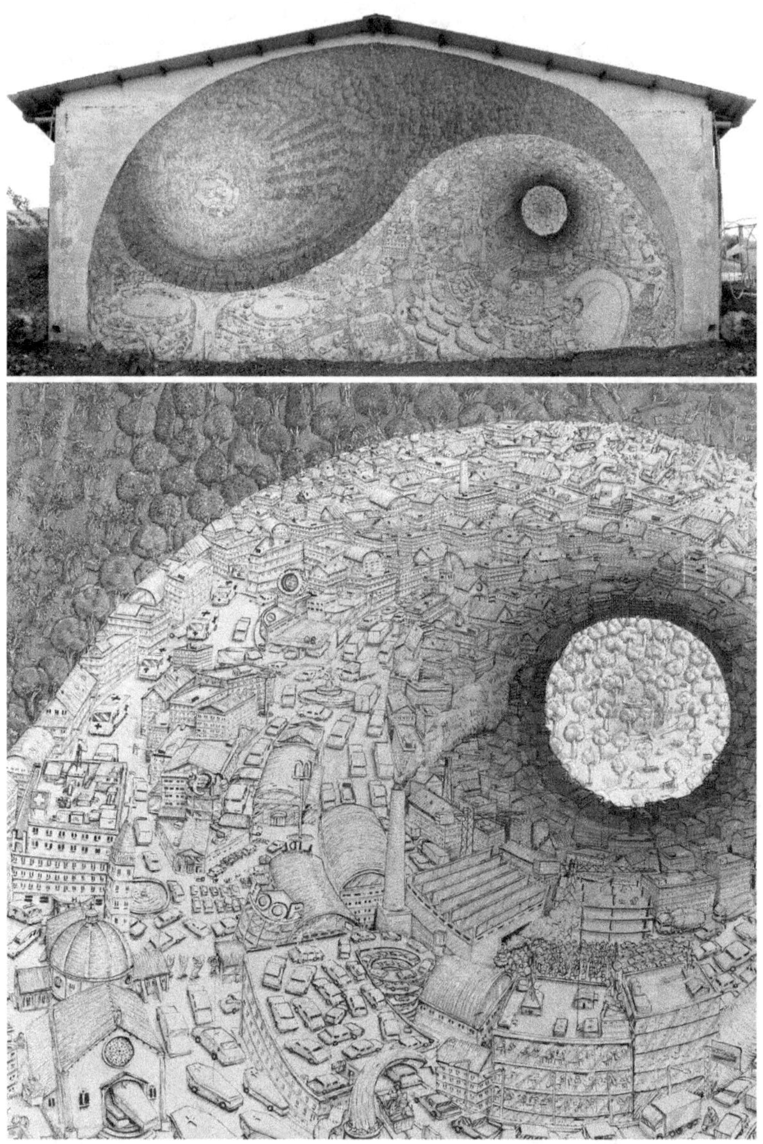

Blu, fattoria di Mondeggi, Bagno a Ripoli (Firenze) 2019

Ho pensato fosse necessaria una breve introduzione ai testi: buona parte degli scritti presentati nuovamente in questo libro sono stati condivisi con l'artista. Sono saggi che hanno vissuto di un momento empatico molto particolare, e hanno avuto in comune luoghi e contesti importanti per la mia carriera e per la mia esperienza personale. Ciascun testo che precede l'estratto ripubblicato agisce come un ipertesto, una sorta di scrittura aumentata di ciò che avevo fatto in precedenza.

Il saggio che segue (qui riportato solo nella parte che riguarda Blu) accompagnava la collettiva *OnAir08: video in onda dall'Italia* ed era inserito in una pubblicazione che doveva, in quel momento, fare il punto sulle pratiche audio visive in Italia. Stiamo parlando del 2008, solo dodici anni fa, ma per tutti coloro che hanno preso parte a quella mostra quasi tutto è cambiato. Un primo pensiero va all'amico, al collega che dirigeva la Galleria Comunale d'Arte Contemporanea di Monfalcone. Andrea Bruciati aveva da tempo rivoluzionato un luogo dotato di una storia molto più radicata nel territorio e nella tradizione, senza nessuna apertura all'esterno. Il suo programma critico curatoriale si muoveva certamente entro il tessuto artistico locale, ma volgeva lo sguardo verso le ultime produzioni nazionali e internazionali, chiedendo all'istituzione di "assumersi" la responsabilità di divenire motore produttivo del contemporaneo. E cosi è andata per alcuni anni, proprio come nell'occasione in cui mi si chiese di curare una sezione di quella mostra.

OnAir08 nasceva dall'unione di una rassegna di video itinerante e di una mostra collettiva sviluppata negli spazi della Galleria Comunale d'Arte Contemporanea. Gli artisti, alcuni dei quali con curricula già molto ampi, altri agli esordi del loro percorso, erano scelti da critici e curatori sempre differenti. *On Air08* proponeva in questo modo una rete, disegnando una nuova mappa, non solo concettuale, di contatti e di modalità linguistiche. L'obiettivo era quello di testimoniare l'esistenza di un gruppo di ricerche in grado di illustrare uno scenario in cui si intersecavano anime, visioni e tecniche di realizzazione molto diverse tra loro.

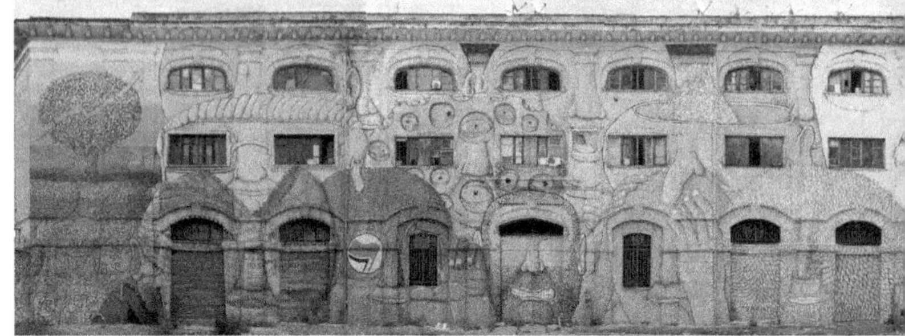

Blu, Ex caserma dell'Aeronautica Militare di Roma, via del Porto Fluviale, Roma 2014

Confesso di essere sempre stata indirizzata verso tutte quelle pratiche e quei dispositivi multipli che, proprio in quegli anni, si assestavano entro un gigantesco contenitore e immaginario che attualmente chiamiamo *mixed media art.* La generazione di Blu è stata così ampiamente contaminata da azioni, tecniche e urgenze opposte tanto da non vederne neppure le differenze. E forse le prime sperimentazioni in queste direzioni di Blu come *Fino* (realizzato sulle note di Andrea Martignoni), *Child* (composizione di maledetto/ottave) fino ad arrivare a *Muto* (presenti appunto in mostra) restituiscono la necessità di muoversi in direzioni sia passate sia attuali. La prassi era di partire certamente dal disegno ma lasciando che una disciplina così antica si attualizzasse nella contaminazione con altre tecniche. Se penso al grande ritorno di quegli anni di cut-up, fotomontaggio e stop-motion, le produzioni più recenti appaiono più comprensibili e

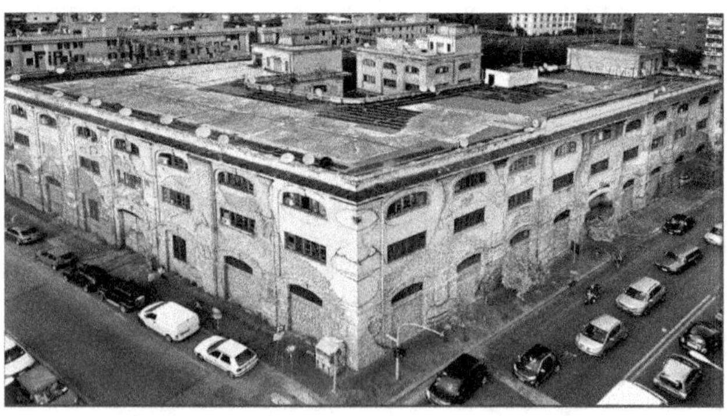

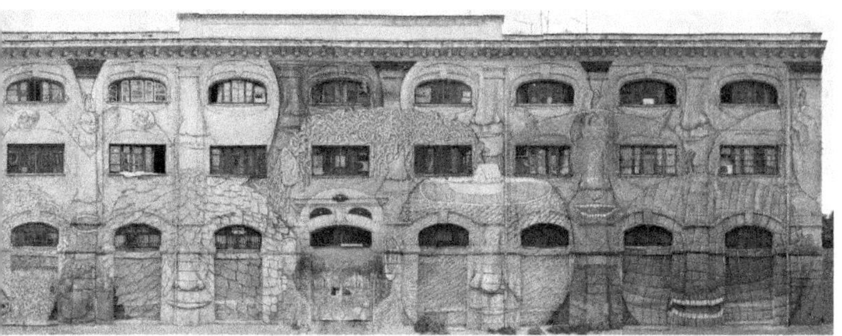

coerenti. Era impossibile non notarlo, era inevitabile non mostrarlo, era indiscutibile non produrre conversazioni, dibattiti, conferenze (ne ricordo una con Andrea Lissoni proprio in quella occasione). Il disegno, particolarmente in quegli anni, era nuovamente indagato in tutte le sue modalità e molti operatori culturali destinavano un aspetto più intenzionale, minimale e concettuale proprio al segno, all'illustrazione e alla grafica identificandole come un rinnovato luogo della ricerca espressiva. Se penso a Blu non credo di averlo mai visto senza una matita, una biro, un pennello (oppure davanti a un monitor per ore a processare i video di quel periodo). Proprio *Muto* se non ricordo male gli aveva occupato mesi di lavoro e certamente quella fase completamente dedicata alla compresenza di disegno analogico e di dinamismo digitale è stata una delle più interessanti soluzioni di quei primi anni 2000.

Aggiungo inoltre che il mio invito ad Andrea Bruciati di mostrare i video di Blu direttamente dal web per rispettare la volontà dell'artista di essere sempre in modalità condivisa e libera, non fu accettato dal direttore (credo per problematiche tecniche) e quindi gli chiesi di farne, per quella sola occasione, una versione in DVD. Devo dire che, sempre con molta fatica, in quegli anni lui mi accontentava (so però che sempre meno amava quella modalità di esporre il suo lavoro) e per questo, a fine mostra, il DVD tornò a casa, la mia, e lì è rimasto.

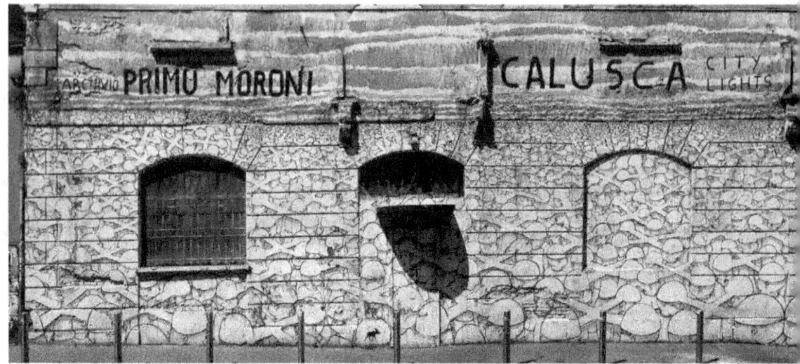

Blu, Cox 18 (Conchetta), via Conchetta, Milano 2005

Estratto da *Profondamente Superficiale* in *OnAir08: video in onda dall'Italia*,
a cura di Andrea Bruciati, Silvana Editoriale, Milano 2008

[…] La tanto amata animazione è tornata a essere materiale di studio come se le produzioni realizzate fino ad oggi fossero state un umile pretesto per "preparare" le tecniche e le tecnologie a un modus operandi differente. Recentemente molti teorici, critici e giornalisti parlano di un marcato ritorno del disegno animato all'interno della piattaforma visuale inteso come la definitiva rivincita della finzione sulla registrazione del reale. Fino a qui niente di nuovo né di discutibile: può starci benissimo il fatto che la realtà, quando è smaccatamente rivelata, possa compiacere meno, ma è importante rilevare che, il più delle volte, l'intento è lo stesso, pur modificando i segni di rappresentazione. Allora perché questa benedetta animazione è così "fastidiosamente" utilizzata da tanti artisti visivi? C'è ancora qualcosa che non abbiamo visto, che non conosciamo o che non riusciamo a tradurre attraverso l'ultima generazione tecnologica? La cultura elettronica conduce a un'attitudine creativa, operativa e sinestetica modulata dall'istantaneità, dalla velocità e dalla progressiva perdita d'identità. Marshall McLuhan suggerisce che i mezzi materiali con i quali interagiamo sono così potenti e persuasivi da plasmarci al punto di essere impressi nella nostra "coscienza collettiva" come delle categorie aprioristiche pronte a rimodellare l'intera esperienza sensibile. La scelta artistica qui proposta, e la caratteristica comune di usare una qualche forma di

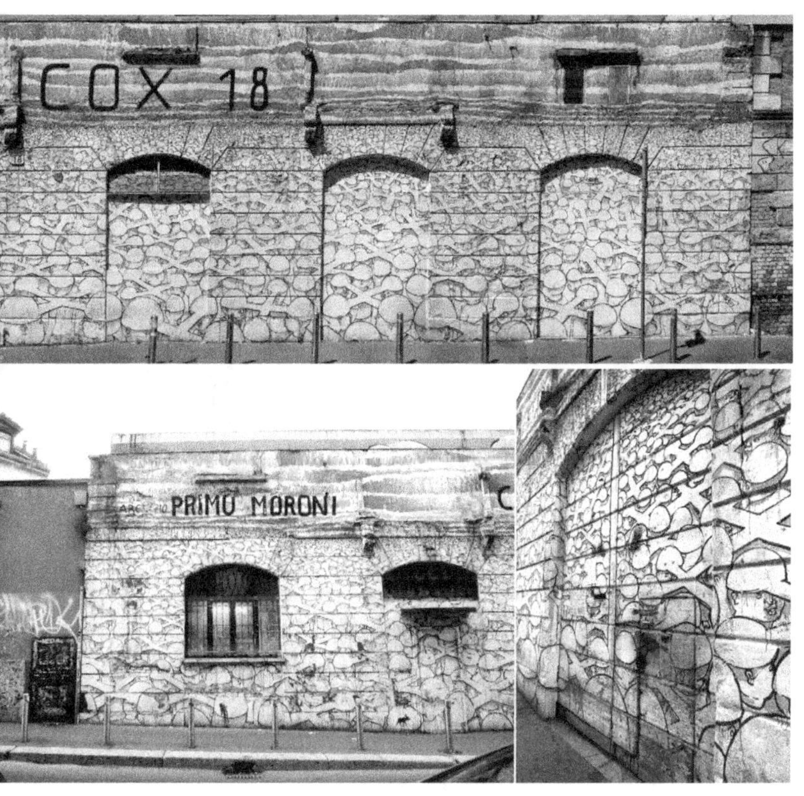

animazione, nasce dalla considerazione che molte di queste proposte multimediali si basano sulla possibilità di trasfigurare il "reale" e non di svelarlo a ogni costo. Si crede che le dimensioni strutturali da cui attingono gli operatori culturali siano personali, non dichiarate e del tutto incomprensibili. Poi la bravura dell'artista sta nel render tale indiscusso mistero così comune da simpatizzare l'altrui sguardo. In realtà credo che l'odierna attitudine richieda un'emissione di codici più empatici, meno complessi, indubbiamente più diretti e poco costruiti. O per meglio dire è propria dell'animazione (dal "semplice" *stop motion* alla più complessa e sofisticata costruzione in 3D) la possibilità di rimanere in superficie, ma attingendo dal profondo delle intenzioni, rifiutando le regole di composizione e i codici narrativi per immergersi totalmente in un modo del tutto

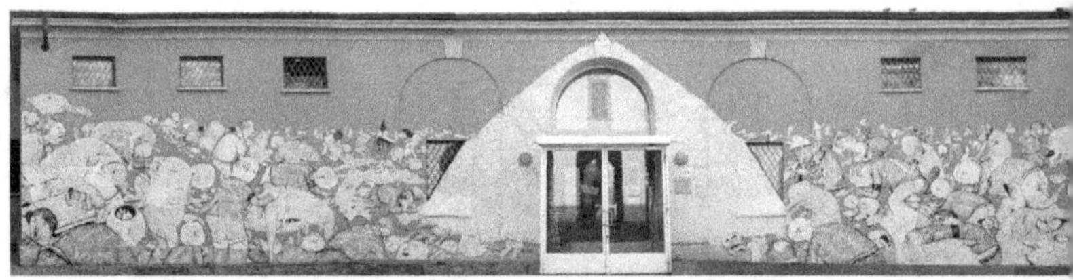

Blu ed Ericailcane, totale e dettagli della facciata del PAC (Padiglione di Arte Contemporanea), Milano 2007

nuovo di essere sintetici e quindi concettuali. Il disegno, a ben pensarci, è il modo più veloce per studiare forma e contenuto rimanendo sospesi sui margini dei contesti, oppure per meglio aderire alla pelle del mondo. In questo Blu è "profondamente superficiale": ed è come se le tecniche obsolete di animazione divenissero il pretesto perfetto per riflettere differentemente su un altro modo di utilizzare il già fatto o per decontestualizzare il buon vecchio *ready-made* senza tralasciare il fatto fondamentale che non si parla più di oggetti, bensì di soggetti e di esperienze. Non è un caso che la prima scelta sia stata il video *Muto* di Blu. Non credo ci sia bisogno di spiegare chi sia questo artista che si fa chiamare come il nome di un colore. Diciamo che negli ultimi tempi il Writing in tutte le possibili accezioni ha ripreso piede tanto quanto l'animazione (e questo non è un caso). Per quanto mi riguarda, e le varie letture storiche sull'argomento lo confermano, il sistema dell'arte ha "bisogno" della strada (o vogliamo dire dell'illegalità?) quando si trova bloccato in una crisi profonda di valori e intenti. Allora, e solo allora, gli operatori del sistema arte si rigettano per le strade cercando il nuovo. Solo che di nuovo qui c'è poco se lo si intende nei termini materiali delle tecniche utilizzate. C'è che molti degli artisti della strada continuano a sperimentare tenendo conto degli insegnamenti dei padri dell'*old school* newyorkese spingendosi sempre più anche verso la semplificazione del metodo. Una parte fondamentale della processualità operativa di Blu è data dal fatto che più si è veloci e meglio è, visto che non sempre i muri scelti sono legali. I colori utilizzati (*outline* nera e campitura monocroma) sono disposti non nell'ordine della comunanza con un unico tema, ma di una forte determinazione nel sottolineare la

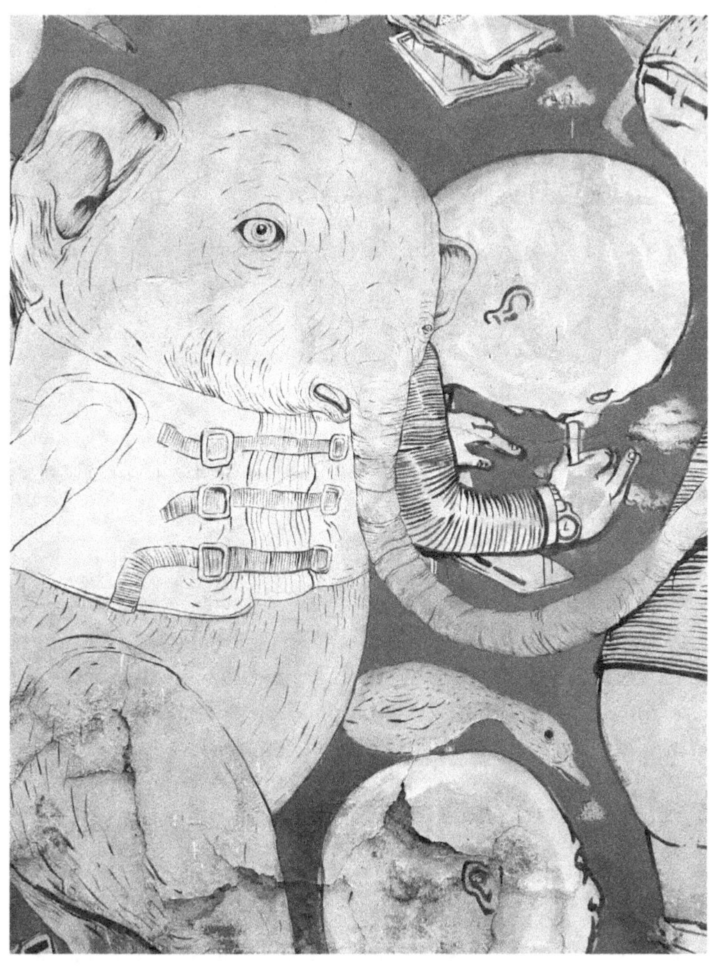

presa diretta sull'ambiente circostante. Infine, l'estrema riduzione del tratto amplifica l'aderenza concettuale delle situazioni presentate, eliminando i "fronzoli", le ridondanze stilistiche e i compiacimenti pittorici. Blu non ha solo scelto di abbandonare le *tag*, le lettere, gli spray (e i tappi che permettono, oltre alla marca della bomboletta, di misurarsi con cromoluminarismi opposti all'*à plat* del nostro), a favore di un essenzialismo tecnico, cromatico e segnico. Oramai si è capito che Blu non è un writer e che anche il

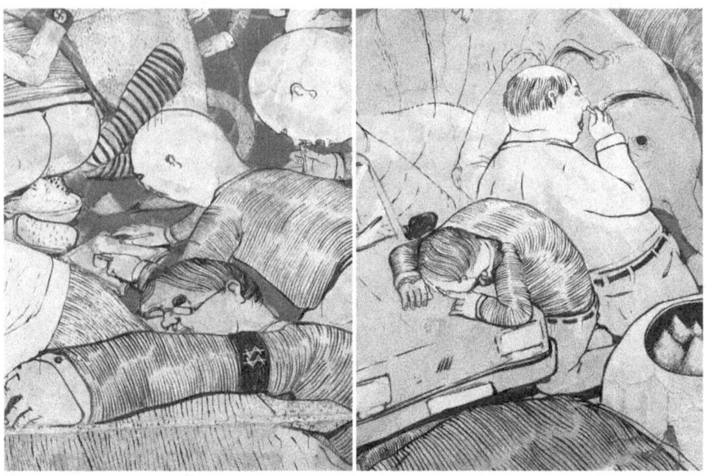

Blu ed Ericailcane, dettagli della facciata del PAC, Milano 2007

termine Street Art non è solo banale ma anche riduttivo: diciamo che "drawing" potrebbe essere il termine più preciso anche se continua a generalizzare un lavoro faticoso che procede da diversi anni. La forza con cui si è imposto anche a livello internazionale è data proprio dall'immediatezza dei suoi *sketches* che, privi di firma e di pretesti linguistici, vivono solo della propria semplicità e dell'incredibile impatto che esercitano non sul pubblico bensì sui cittadini. Perché, non dimentichiamolo mai, i reali interventi di Blu sono e saranno sempre sulla strada e nelle città: anche quando, come nel caso di *Muto,* è la tecnica dell'animazione a infiltrarsi tra i luoghi in precedenza registrati di Buenos Aires e Baden. La chiarezza e la facile comprensibilità dei soggetti raffigurati conducono l'autore a essere sempre più aderente alla superficie che lo accoglie e lo contiene, conducendo i suoi strani uomini privi di riconoscibile fisionomia a liberarsi di sospensioni pittoriche classiche e di uniformarsi sempre più a un unico grande intervento. I personaggi di Blu sono raramente diversi fra loro, perché testimoni di una perdita di referenzialità a favore di una sempre nuova breve storia da raccontare. Questi strani uomini grassi, goffi, simili gli uni agli altri, sono la più importante cifra stilistica del nostro autore

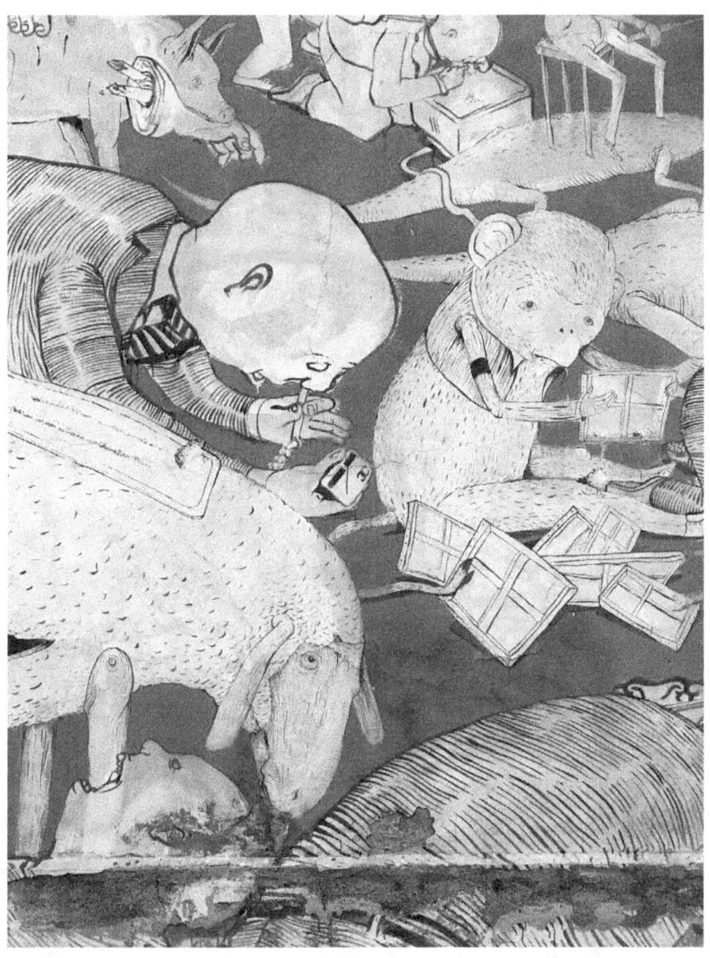

che permette a questi strani soggetti, dal volto unico e ripetuto all'infinito, di divenire ogni volta altre storie, altri pensieri, altre riflessioni sulla realtà che loro, come noi, vivono e subiscono. Ecco chi sono questi "alieni e alienati": il pretesto perfetto per testimoniare, in una sorta di grande specchio riflettente, il dentro e il fuori, la superficie del muro e la strada, la finzione del "pezzo" finito e la realtà di chi, stupito ma affascinato, si riconosce in loro.

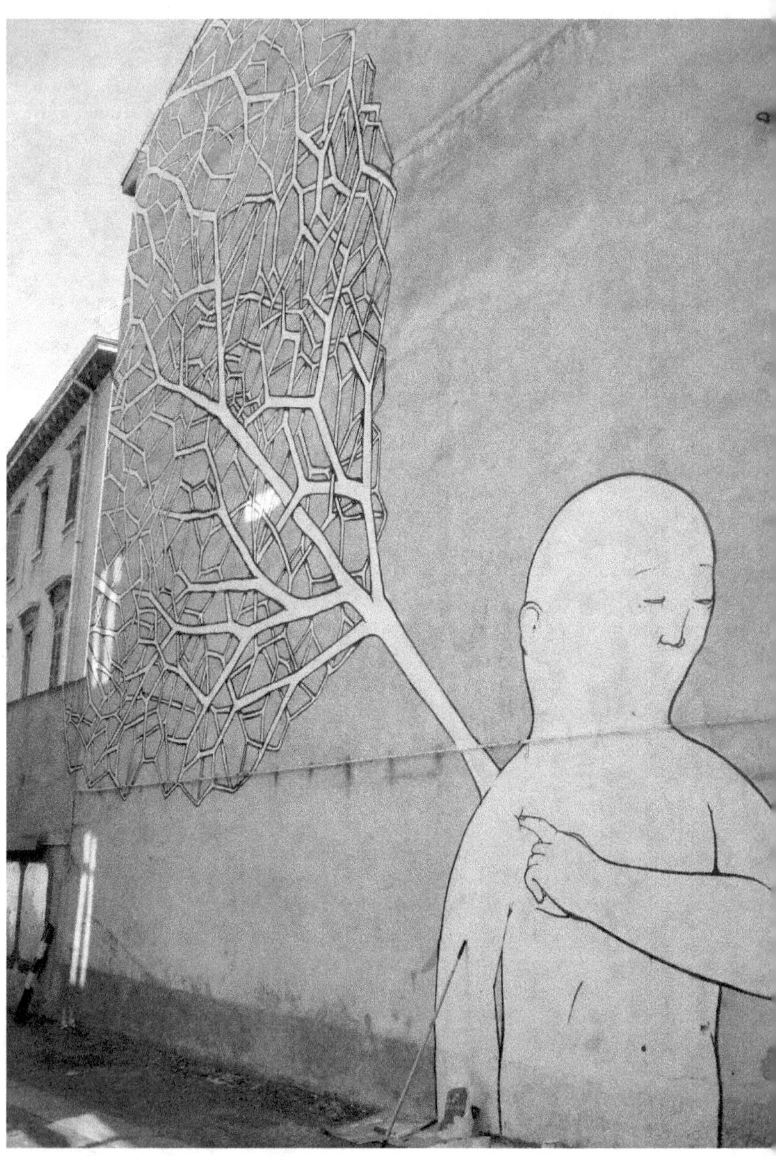

Blu, Centro studi Casnati, Como 2007

La mostra *Quei bravi ragazzi* è nata da un'amicizia per la vita. Nel 2006 una delle mie più care amiche, Flavia Pelosi, viene assunta come assistente della neonata AMT Gallery a Como, di proprietà del giovane Alberto Matteo Torri.

Dopo aver lavorato diversi anni come assistente per Air De Paris a Parigi, Flavia era rientrata in Italia prima per svolgere lo stesso ruolo con la Galleria Primo Marella e poi, lasciando Milano, per tornare a Como (la sua città natale). La collaborazione prosegue per qualche tempo fino a che vengo chiamata da entrambi per pensare una collettiva di ampio respiro focalizzata su alcune riflessioni critiche a cui lavoravo all'epoca. A dire il vero, se non ricordo male, per Alberto andava bene qualsiasi proposta, l'importante era che ci fosse Blu. Già da allora sapevo come Blu la pensasse circa le mostre, le gallerie e i curatori (tutto ciò valeva anche per me, ovviamente): l'unica proposta eventualmente accettata doveva avere a che fare con un muro, un buon muro secondo le sue ambizioni, una superficie che potesse permettergli di dipingere in totale libertà e senza alcuna intromissione.

In quella occasione avevo bisogno di lavorare dentro e fuori i limiti degli spazi espositivi, alimentando anche il paradosso di un possibile rapporto fra processi legali ed illegali in una città in cui avevo vissuto ai tempi della mia tesi di laurea su Mario Radice, Manlio Rho e Carla Badiali. Riccardo Benassi, Dado & Stefy, Federico Maddalozzo, Massimiliano Nazzi, Giovanna Ricotta e Blu erano *Quei bravi ragazzi* coinvolti in modo ironico e provocatorio proprio come il titolo dell'intero progetto. La mostra si tuffava in un caos eterogeneo di visioni, proposte e ricerche per evidenziare le crepe di un possibile e imminente crollo di paradigmi estetici e culturali. Nella parte generale del testo critico (pubblicato nel catalogo in formato cartaceo e digitale dalla casa editrice bergamasca Libri Aparte) evidenziavo come la crisi dell'arte fosse parte di una ben più ampia decadenza; "obbligare" a una convivenza forzata voci così differenti mi dava la possibilità di produrre nuove riflessioni sui linguaggi, i dispositivi e le pratiche.

A quei tempi parlavo spesso di imminente crisi di contesti e contenuti, di difficoltà espressive legate a una industria culturale concentrata in alcuni luoghi, in alcuni ruoli, in alcuni "personaggi". Avvertivo un'instabilità che mi allontanava sempre di più dall'arte sistematica e mi avvicinava sempre più alla strada e ad altre forme di militanza critica.

L'attitudine inquieta di quel momento era il fondamento della mostra per la AMT Gallery e inaspettatamente coinvolse anche la "logistica" di tutto il progetto: una sorta di "terremoto" travolse l'organizzazione della collettiva, quasi tutta in mano a Flavia e a me. Alberto decise, con poco preavviso, di cambiare spazio espositivo e di spostare la galleria dalla vecchia sede di Via Milano 27 a un bellissimo appartamento all'interno dello stesso stabile della Fondazione Giuseppe Terragni in via Indipendenza 55.

Fece tutto da solo mentre buona parte dei lavori decisi con gli artisti erano in fase preparatoria. A parte uno, quello di Blu. Per lui bastava trovare il muro che lo avrebbe stimolato al punto di confermare la partecipazione. E il muro non tardò ad arrivare dopo che Flavia ed io decidemmo di deviare il suo intervento entro un contesto educativo: una sorta di esercizio di pittura murale davanti a coloro che stavano studiando proprio i mezzi artistici. Dopo lunghe riunioni con il preside del Liceo Artistico Centro Studi Casnati (che fece sempre Flavia), il muro fu trovato e venne deciso quando dipingere.

In quell'occasione mi capitò di fare una piccola "lezione" sul suo lavoro davanti agli studenti di alcune classi mentre lui, in silenziosa concentrazione, dipingeva. Parlò con i ragazzi, a quanto ricordo, ma lasciò a me l'incombenza di approfondire il suo approccio. Un po' come accadde quando lui stesso mi chiese di evitargli una conversazione pubblica e di intervenire al suo posto (mentre dipingeva nella giornata contro la pena di morte) all'interno di un dibattito in cui conobbi Lorenzo Giusti. A Blu devo anche il motivo del primo incontro con l'amico Lorenzo.

La mostra venne inaugurata il 22 settembre del 2007 e la settimana prima con quasi tutti gli artisti ci trovammo ad allestire in uno spazio sconosciuto in cui, a pochi giorni dell'apertura, molti di noi tinteggiavano le pareti o lasciavano segni del proprio passaggio. Quello spazio praticamente non aprì mai: noi inaugurammo e chiudemmo non solo un'esperienza condivisa, ma anche un'idea che andava ben oltre le discipline unite. Chissà se in quell'appartamento dietro le porta di entrata, nascoste o coperte da una mano di vernice, ci sono ancora le *tag* di Blu e di Dado.

Estratto da *Quei bravi ragazzi*, Libri Aparte, Bergamo 2007

Che io mi ricordi, ho sempre voluto fare il gangster.
Per me, fare il gangster è sempre stato meglio
che fare il Presidente degli Stati Uniti
Henry Hill

Un pensiero tanto provocatorio quanto realistico quello affermato dal noto gangster Henry Hill durante un'intervista apparsa sul *New York Times* e a cui, nel 1990, Martin Scorsese si ispira per raccontare la storia di quattro bravi ragazzi legati al mondo della mafia italo-americana. Con l'occhio impassibile di un antropologo, sulla base della sceneggiatura scritta con Nicholas Pileggi (autore anche del romanzo *Wise Guys* da cui è tratto il film), Scorsese racconta la normalità dell'anormalità dei pericolosi *Goodfellas:* quattro pesci piccoli, quattro disperati che trovano nella violenza, nella vendetta e nella legge del crimine il senso di una vita vissuta nello squallore morale e affettivo.

Quei bravi ragazzi è il titolo scelto per inaugurare il nuovo spazio della galleria AMT di Como e in nessun modo il concept della mostra si avvicina ai contenuti del film di Martin Scorsese. *Quei bravi ragazzi* è un pretesto per non dire ciò che lo stesso titolo può ricordare ma per trarne poi le diversità e porsi all'opposto in una realtà dove le distanze e le differenze si fanno sempre più evidenti.

Quei bravi ragazzi sono Riccardo Benassi, Blu, Dado & Stefy, Federico Maddalozzo, Massimiliano Nazzi, Giovanna Ricotta pronti ad evidenziare gli inevitabili cambiamenti sociali, ognuno a proprio modo, ciascuno con le proprie armi. Se di armi concettuali si può parlare, allora eccoli tutti e sei a definire il proprio universo, le proprie "registrazioni di frequenza", le proprie riflessioni dinnanzi ad una realtà culturale decisamente alla deriva.

Una deriva diversa da quella teorizzata dal movimento del Lettrismo sul finire degli anni Quaranta e di cui, proprio in questi ultimi giorni, si è perso il padre fondatore, Isidore Isou. Un "bravo ragazzo" pure lui, così attento a spostarsi al primo sentore di caos organizzato e a ridefinirsi in uno spazio autogestito. Il suo alter ego, il *détournement*, si aggira ancora fra le ombre di un sistema dell'arte che si fa sempre più fantasma di se stesso, scoprendo i propri lati oscuri e le innumerevoli debolezze che lo stesso Isou ha combattuto per tutta la vita. La mostra non cerca di espiare tali colpe bensì si tuffa in quel caos per evidenziare le crepe di un possibile, e imminente, crollo. Oramai siamo tutti d'accordo nell'affermare che la crisi dell'arte appartiene ad una decadenza più generale ma, per non cadere in facili pessimismi o catastrofismi, è giusto aggiungere che questo lungo momento in corso è essenziale per riproporre con linguaggi, stili e intenzioni attuali lo sdoganamento dal vecchio "passatismo" (tutt'ora presente) avanzato dalle Avanguardie Storiche di inizio Novecento.

Identica situazione, altrettante pericolose tentazioni soporifere e compiaciute, stesse menti abbastanza anarcoidi da anestetizzare ciò che già c'è per risvegliarlo tra le luci abbaglianti dell'elemento artistico.

[...] Di luoghi, anche se non interni ma esterni, si occupa Blu, anche se nel suo caso sarebbe meglio parlare di superfici urbane su cui lasciare un segno, più o meno permanente, di un tratto unico nel suo genere. Blu non firma quasi mai: è il modo in cui progetta l'opera nella sua completezza che diviene un brand perfetto da inserire nei più diversi ambienti geografici e culturali.

Gli studi all'Accademia di Belle Arti di Bologna gli hanno dato la possibilità di sviluppare un notevole talento per il disegno che è divenuto, nel tempo, il proprio tratto distintivo. Ma non è un writer, ed è importante che non si faccia confusione: nel caso di Blu si deve parlare di un sodalizio perfetto fra educazione artistica e free style. Il segno, chiaro e definito, del pennarello nero su sezioni estese di acrilico spianate con rulli e pennelesse, sottolinea un grande amore per la pittura, per il fumetto e per il *murales* messicano degli anni Trenta. Un "bravo ragazzo" a tutti gli effetti penserà l'amministrazione pubblica della città di Como che, come ben si sa (e questo vale anche per le città di Milano, Torino e la non più permissiva Bologna), vieta l'intervento diretto sugli spazi urbani.

Il passaggio di Blu è stato accolto dal centro Casnati di Como che ha "donato" una superficie dei propri edifici per permettere all'artista di intervenire liberamente su un progetto pensato per l'occasione. Il "pezzo" finito è la congiunzione della tradizione fumettistica bassa e della cultura alta del disegno, in cui strani personaggi, spesso accatastati gli uni sugli altri, si infiltrano nel tessuto urbano della città. Segni semplici che accorpati in un singolo intervento acquistano la forza della denuncia, della riflessione e della provocazione.

[...] Nonostante le amministrazioni dei capoluoghi italiani continuano un'ingiustificata e stupida lotta contro i graffiti, il Writing vive un momento di massimo fulgore dimostrando che le strade non sono solo in balia della micro delinquenza e del degrado. Contro quello stesso degrado si muovono, da sempre, gli artisti della bomboletta e anche quando il muro trasuda la semplice *tag* (la firma, per intenderci) di un singolo intervento o di una *crew*, ciò che rimane è un passaggio importante per capire cosa brucia sotto le ceneri delle nostre città, oramai annoiate e sempre più obbligate a un coprifuoco culturale. Quel segno veloce, ancora oggi visto come uno scarabocchio offensivo ai danni del patrimonio pubblico e privato, è, al contrario, l'unico modo per definirsi in una realtà italiana in cui gli stessi writers sono ricercati dalla polizia. Se l'educazione e l'informazione al graffito fosse impostata in un modo diverso, gli stessi graffitisti non vivrebbero sempre con il terrore di essere "segnalati" dalla pattuglia di turno e potrebbero intervenire in aree adeguate con l'abilità e il tempo necessario per dimostrare ciò che sono e quanto valgono. Lo spazio interno ad un museo o ad una galleria non è del tutto adeguato e spesso gli stessi autori si dilettano a riadattare ciò che realizzano all'esterno in funzione degli spazi che li ospitano.

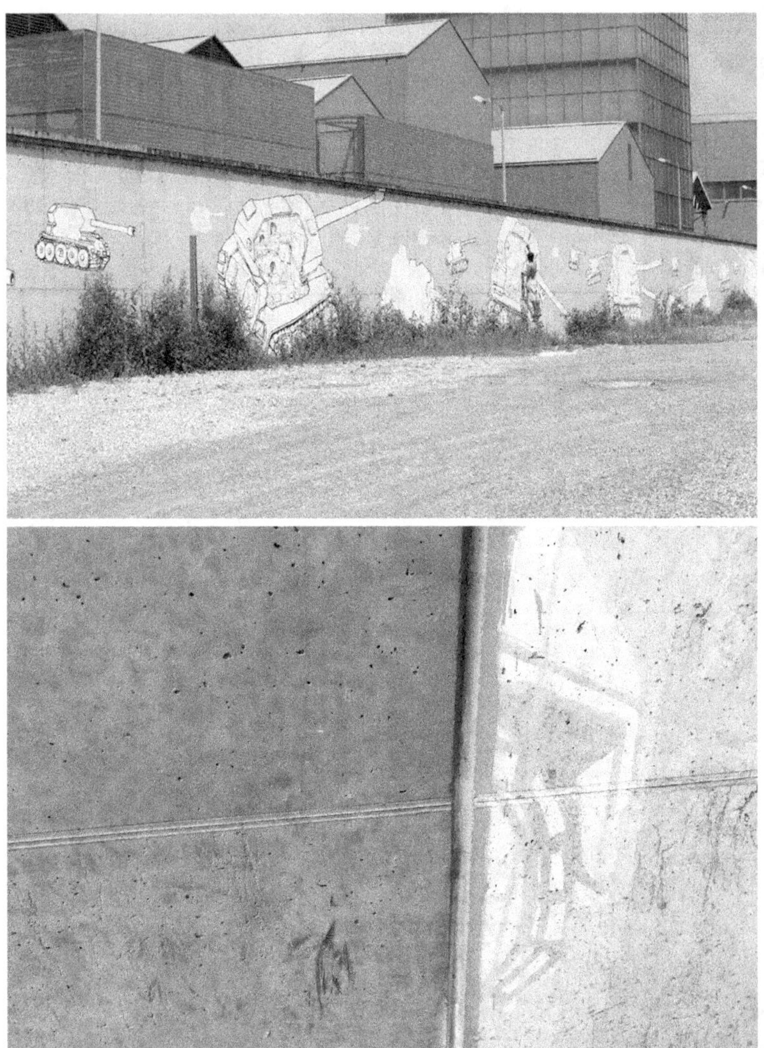

Blu, Hangar Bicocca, Milano (sopra) 2008 - (sotto) 2020

«Mercoledì 18 giugno 2008, la Galleria Patricia Armocida presenta la prima mostra personale milanese di BLU, con testo critico in catalogo di Fabiola Naldi [...] ».

Così apriva il comunicato stampa di quella mostra che annunciava a gran voce l'apertura di una personale unica nel suo genere. Molti ritenevano quell'evento come l'inizio di una collaborazione che in realtà non continuò per le successive scelte di Blu opposte alle "logiche" espositive del sistema artistico contemporaneo. Credo sia opportuno evidenziare una posizione, non solo artistica, radicale irrigiditasi nel tempo verso ogni tipo di galleria, istituzione, operatore culturale che abbia provato a coinvolgerlo a partire dalla prima metà del 2011.

Non è possibile comprendere il secondo decennio dei 2000 nell'attività di Blu senza almeno accennare alla mostra *Art in the Streets* svoltasi fra l'aprile e l'agosto del 2011 al MOCA di Los Angeles, curata da Jeffrey Deitch, Roger Gastman e Aaron Rose[1]. In quell'occasione il direttore, dopo avergli commissionato la realizzazione di un muro esterno al museo, a distanza di 24 ore, lo fa cancellare. L'intervento nasceva sulla parete nord del Geffen Contemporary che sorge di fronte a un monumento importante per la storia americana intitolato *Go for Broke*[2]. Non molto distante ha sede un importante ospedale intitolato ai veterani di guerra. Il dipinto raffigurava innumerevoli bare ricoperte non dalla bandiera americana (utilizzata per commemorare i caduti in battaglia) bensì da una banconota da un dollaro. L'imminente pioggia di critiche fece sì che, pare in accordo con lo stesso artista, il dipinto venisse immediatamente cancellato. La dichiarazione di Blu arrivò puntuale: «Si tratta di una censura che si è trasformata in un atto di auto-censura quando mi hanno chiesto di accondiscendere alla loro decisione di cancellare la mia opera. Ai tempi dell'Unione Sovietica queste azioni si chiamavano "atti di auto-critica". Deitch mi ha chiesto di realizzare un nuovo murale sopra quello cancellato ma io non lo farò»[3]. Solo lui certamente conosce i motivi per una progressiva ritirata da ogni cornice artistica ufficiale, ma ritengo

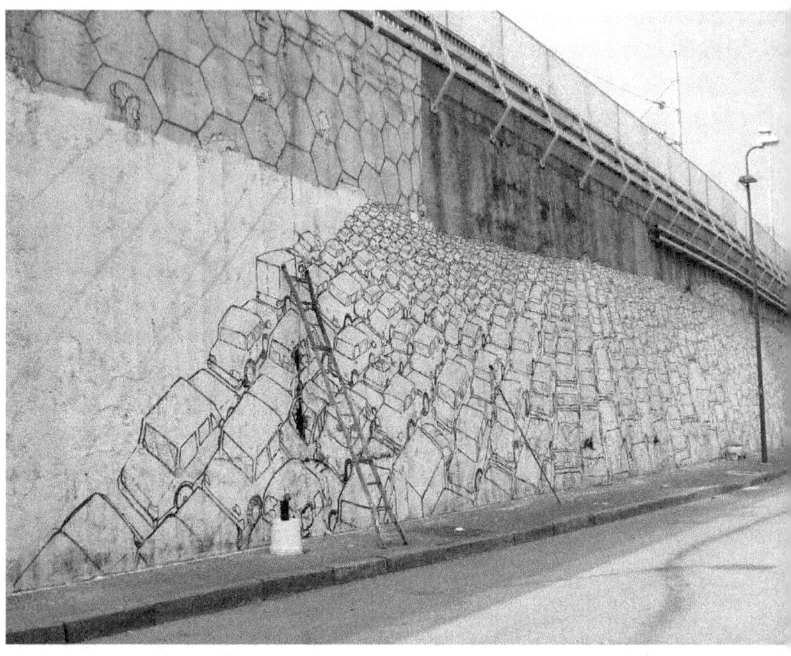

che quella volta la goccia sia letteralmente traboccata dal vaso e lo abbia definitivamente convinto a partecipare solo a operazioni o cause precise, in cui crede. Non era certamente la prima volta, ma in quell'occasione la censura fu così chiara e immediata, evidenziando che i curatori non avevano minimamente compreso chi fosse Blu e quali fossero i motivi del suo agire pittorico.

La collaborazione con la Galleria Patricia Armocida è stata perciò una singola esperienza che resta a tutt'oggi l'unica personale in Italia[4]. Come dichiarato nel comunicato io venni coinvolta per il testo critico in catalogo, lasciando alla gallerista la curatela logistica e condividendo però in ogni passaggio la sua preparazione. In quella occasione sono quasi certa che fu Blu a chiedermi di scrivere lasciandomi la totale libertà di critica e lasciandomi anche da sola (insieme alla gallerista) la sera dell'inaugurazione. Lui partì poco prima che io arrivassi a Milano (avvisandomi per telefono) e sapendo

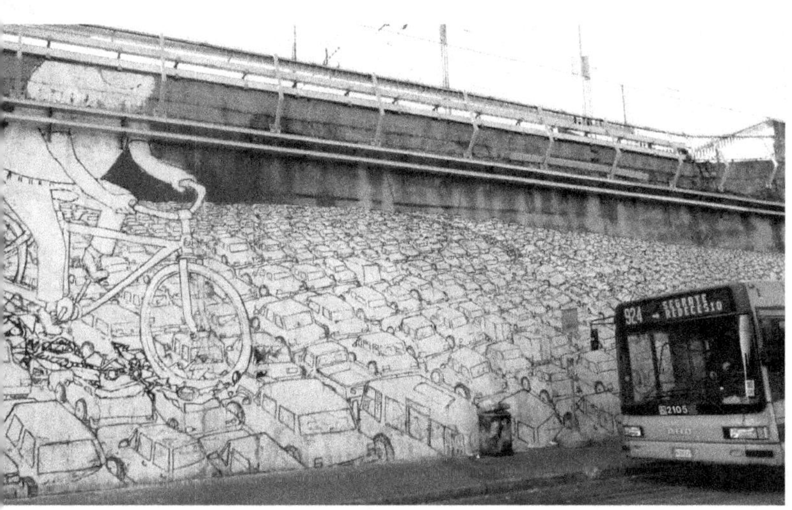

Blu, Stazione FS Lambrate, Milano 2008

che non gli piacevano quelle situazioni, la cosa non mi apparve affatto strana. Il pubblico della galleria che si aspettava di vedere e incontrare l'artista rimase parecchio deluso e in parte non capì la scelta di non presenziare[5]. La mostra prevedeva due modalità di intervento: una all'interno e una all'esterno della galleria allora in via Bazzini 17.

Nel territorio milanese vennero trovati tre muri a partire dal Centro Sociale Conchetta (dove coprì se stesso, dipingendo sopra un precedente suo intervento), dietro alla ferrovia di Lambrate e all'Hangar Bicocca che concesse uno dei muri perimetrali sul lato sinistro dell'edificio[6]. Dentro lo spazio espositivo vennero presentati 15 disegni inediti ad inchiostro su carta (inseriti in teche costruite dallo stesso Blu con legno e materiali di recupero), un'accurata selezione dei video realizzati fino a quel momento e un book fotografico. Anche in quell'occasione, e come è possibile rileggere nelle pagine successive, ribadii con insistenza che la parte espositiva era sempre meno necessaria per Blu mentre diventava sempre più sostanziale avere la possibilità di dipingere all'aria aperta. In realtà anche l'esposizione in galleria fu alquanto rilevante: *MUTO* fu presentato per la prima volta dopo quasi un anno di lavoro di post produzione e i quindici disegni permettevano di conoscere meglio l'aspetto più intimo del suo processo creativo

Anche se la superficie urbana resta l'unico luogo in cui Blu "esiste" artisticamente, i disegni, venduti spesso per "supportare" i viaggi oltralpe (sopratutto in Sudamerica), sono l'attuale pretesto di alcuni pseudo collezionisti per aumentarne il valore. L'ultima deriva (non dimenticando mai il "precedente" bolognese nel 2016) sono alcune mostre che "usano" il suo nome esponendo opere, spesso precedenti al 2011: operazioni espositive di questo tipo attirano spettatori ignari del fatto che non solo non è stato chiesto il permesso all'artista (o se lo si è fatto non si ha avuto risposta di alcun genere) ma che spesso quelle opere non nascono per essere "esposte"[7].

Ecco perché ho deciso di inserire il testo critico della personale milanese del 2008; la mostra non solo fu autorizzata, ma fu costruita da Blu con Patricia e con la sottoscritta nelle retrovie. A coloro che visitarono quella mostra va il merito di avere intuito che scendendo le scale della galleria quello che avrebbero trovato sarebbe stato un artista coerente intento a cercare una propria via per esprimersi oltre le superfici murali. La galleria rappresentava allora come ora la vera incognita; la strada, i muri, la gente, non sono mai stati un problema per Blu, ma le istituzioni, i musei, i critici, i curatori sono coloro da cui tenersi alla larga e con i quali non interagire. Io stessa non sono più in contatto con lui, come se la mia professione fosse l'unica discriminante di chi vedere o meno. O forse tutto ciò che poteva andare in quegli anni ora non ha più senso, non ha più valore, e non tiene in considerazione altro che il presente.

BLU = BLU in BLU, Galleria Patricia Armocida,
edizione della galleria, Milano 2008

Da quando Blu non firma più i suoi pezzi, e lo stile si è sostituito alla semplice *tag*, unico codice cifrato in grado di certificare la presenza del Writing, i muri su cui si è fermato sono diventati molto noti. Quasi questo significasse che, se la figurazione scelta è immediata e sintetica, allora l'apporto di una cifra linguistica auto determinante può facilmente scomparire. Credo sia più opportuno affermare che il lavoro di questo artista si è così velocemente sofisticato da non dipendere più da scelte stilistiche precise, bensì solo dalla forza, dalla determinazione e dalla precisione con cui Blu interviene sulle superfici urbane.

Dal lontano 1997, anno in cui Blu scopre la tecnica e la disciplina del Writing, frequentando l'istituto d'arte, il proprio modo di riflettere sulle superfici, sui materiali e soprattutto sulle immagini è notevolmente cambiato e, soprattutto, dopo un paio d'anni, e per diversi motivi, l'immagine essenziale sostituisce la lettera, diventando il luogo immaginifico in cui trasferire esperienze, riflessioni e nuove soluzioni segniche. La lettura quasi onnivora dei più svariati fumetti, e quindi il modo di riassumere per singoli archetipi complessi universi, ha permesso a Blu di raggiungere una progressiva sintesi visiva basandosi solo sul segno netto, istantaneo, privo di sfumature e sulla copertura opaca e uniforme di vernice monocroma stesa con pennelli e rulli.

Tutto qui? In parte sì, se si considera che questo è realmente il metodo con cui Blu realizza i tanti muri in giro per il mondo. Più precisamente è necessario aggiungere che la semplificazione del metodo ha diverse anime e intenzioni. Una parte fondamentale è data dal fatto che più si è veloci e meglio è, visto che non sempre i muri scelti sono legali. In seconda istanza i colori utilizzati – mai più di due - sono quasi sempre gli stessi (*outline* nera e campitura monocroma) non nell'ordine della comunanza con un unico tema, ma di una forte determinazione nel sottolineare la presa diretta sull'ambiente circostante. Infine, l'estrema riduzione del tratto amplifica l'aderenza concettuale delle situazioni presentate, eliminando i "fronzoli", le ridondanze stilistiche e i compiacimenti pittorici. Blu non ha solo scelto di abbandonare le *tag*, le lettere, gli spray (e i tappi che permettono, oltre alla marca della bomboletta, di misurarsi con cromoluminarismi opposti all'*à plat* del nostro), a favore di un essenzialismo tecnico, cromatico e segnico. Blu ha fortemente combattuto per affermare un linguaggio personale che gli permettesse liberamente di dipingere ciò e chi voleva, dove e quando voleva. E sembrerà strano ma ci è riuscito più di quanto non si creda, prima con gli illegali e poi poco alla volta ufficialmente interpellato dai contesti nazionali e internazionali che lo hanno voluto proprio per quei rifiuti stilistici predeterminanti.

La presenza della lettera (o di una breve frase) si riduce perciò a micro, e molto rari, interventi atti a essere il commento al disegno. Oramai si è capito che Blu non è un writer e che anche il termine street art non è solo banale ma anche riduttivo: diciamo che (come ha detto lui una volta in un'intervista) "drawing" potrebbe essere il termine più preciso anche se continua a generalizzare un lavoro faticoso che procede da diversi anni. Blu è Blu e niente altro. La forza con cui si è imposto anche a livello internazionale è data proprio dall'immediatezza dei suoi *sketches* che, privi di firma e di pretesti linguistici, vivono solo della propria semplicità e dell'incredibile impatto che esercitano non sul pubblico bensì sui cittadini: perché, non dimentichiamolo mai, i reali interventi di Blu sono e saranno sempre sulla strada e nelle città.

La chiarezza e la facile comprensibilità dei soggetti raffigurati lo hanno portato a essere sempre più aderente alla superficie che lo accoglie e lo contiene, conducendo i suoi strani uomini privi di riconoscibile fisionomia a liberarsi di aspettative pittoriche classiche e di uniformarsi sempre più a un unico grande intervento. I personaggi di Blu raramente sono diversi fra loro, perché testimoni di una perdita di referenzialità a favore di una sempre nuova breve storia da raccontare. Questi strani uomini grassi, goffi, simili gli uni agli altri, sono la più importante cifra stilistica del nostro autore che permette a questi strani soggetti, dal volto unico e ripetuto all'infinito, di divenire ogni volta altre storie, altri pensieri, altre riflessioni sulla realtà che loro, come noi, vivono e subiscono. Ecco chi sono questi "alieni e alienati": il pretesto perfetto per testimoniare, in una sorta di grande specchio riflettente, il dentro e il fuori, la superficie del muro e la strada, la finzione del "pezzo" finito e la realtà di chi, stupito ma affascinato, si riconosce in loro. E l'insegnamento non proviene solo dai tanti fumetti letti ma anche dallo studio della storia dell'arte (poiché Blu ha frequentato anche l'Accademia di Belle Arti di Bologna) e (so che sorriderà leggendo) voglio scomodare due grandi momenti passati per meglio sottolineare il modo in cui si è giunti anche allo stile di Blu.

Nel 1891 Albert Aurier pubblica "Il Manifesto della Pittura Simbolista" affermando cinque punti sostanziali per giungere alla nuova frontiera pittorica contemporanea. Simbolismo, soggettivismo, ideismo, decorativismo, sintetismo sono i cinque passaggi necessari per fare di un dipinto un'opera simbolista. E niente mi si può controbattere nell'affermare che la forza con cui i simbolisti rivalutarono la superficie pittorica ha indubbiamente (con Paul Cézanne) aperto le porte all'arte contemporanea così come noi la intendiamo oggi. In questi semplici cinque passaggi c'è molto dello stile pittorico di Blu, ovviamente con le giuste ricollocazioni storiche.

Stesso discorso vale per il gruppo dei muralisti messicani attivi dagli anni venti del secolo scorso: Diego Rivera, David Alvaro Siqueiros e José Clemente Orozco formalizzano un'intenzione artistica che esplode fuori dagli ambienti espositivi decisi a organizzare una nuova forma di arte collettiva che possa essere goduta da un pubblico che proprio perché non cerca l'arte la trova e si auto disciplina nel fruirla. Le intenzioni del gruppo di Città del Messico evidenziano il ruolo che si riteneva la cultura dovesse avere, quasi ci si riferisse a un'arte sociale *ante litteram*. E, forse, considerando le tristi deviazioni che la cultura visiva internazionale in parte ha preso, il loro atteggiamento non è molto diverso da ciò che si svolge negli interventi sui muri pubblici di artisti come Blu. Non sto certamente dicendo che il suo lavoro sia un'altra ennesima forma di arte sociale, ma è innegabile che, superato l'iniziale impatto compiaciuto, ci si accorga che c'è dell'altro.

C'è che l'ultima possibilità di lettura è solo ed esclusivamente del cittadino, volente o nolente. Se volessimo spingerci ancora oltre le semplici letture stilistiche potremmo anche aggiungere che Blu pare un cantastorie post moderno simile agli antichi narratori dei pupi siciliani, quelli, per intenderci, che animano inerti marionette lasciando a loro la possibilità di narrare racconti in bilico tra realtà e finzione. Il percorso quindi è tuttora in atto, alimentato da una fervida curiosità materiale e culturale in grado di abbattere anche le comunicazioni virtuali della rete. I pezzi realizzati in Nicaragua, in Argentina, in Brasile oppure a Berlino, Londra, Barcellona sono ancora lì, costantemente in mostra, definitivamente inseriti entro la trama architettonica e simbolica delle città ospitanti. E se vengono cancellati poco importa: resta la memoria di un passaggio e la possibilità di ripeterlo.

1. Per maggiori informazioni sulla mostra si veda http://www.moca.org/exhibition/art-in-the-streets

2. Il monumento commemora gli americani di origine giapponese caduti durante la seconda guerra mondiale

3. Micol Di Veroli, *Risponde Blu: "Il MOCA mi ha censurato"*, 16 dicembre 2010

http://www.globartmag.com/2010/12/16/risponde-blu-il-moca-murale-cancellato-los-angeles-rimosso-censura

4. La mia collaborazione con Patricia Armocida è poi proseguita nel tempo, condividendo approccio, gusti e anche posizioni curatoriali precise

5. Credo che una parte del pubblico non abbia compreso e abbia frainteso, giudicando tale gesto come "sprezzante" in un ambito in cui la presenza e la riconoscibilità sono attualmente parti indivisibili dell'essere artista. Ma non per Blu, che già in quegli anni sottolineava che lui non era un artista, bensì un imbianchino di strada

6. Ancora oggi a uno sguardo molto attento e con buona memoria nella ricerca dei "reperti" sono visibili due piccole parti non coperte dagli interventi successivi della zona

7. Mi riferisco a mostre apparse a Torino e Milano fra il 2019 e il 2020

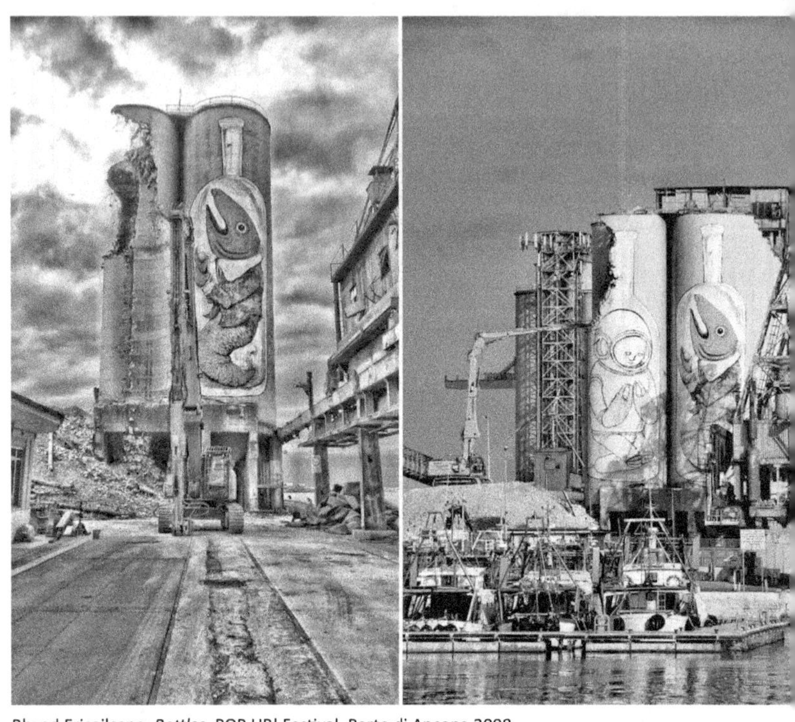

Blu ed Ericailcane, *Bottles*, POP UP! Festival, Porto di Ancona 2008

Is this so Contemporary? Street Art tra storia e critica

Prima di iniziare questo lungo percorso storico critico nel motivare, "giustificare", contestualizzare meglio il grande fenomeno della Street Art, ritengo sia importante sottolineare alcuni fondamentali accorgimenti di lettura[1].

Ripercorre i cicli e ricicli storici dell'ultimo secolo diviene impossibile per un singolo testo, e partendo anche dal principio che molti esempi di Street Art hanno ben poco a che vedere con gli inevitabili debiti formativi verso le precedenti Avanguardie Storiche, è altrettanto importante prendere per mano il lettore cercando di condurlo «con la testa rivolta al futuro e gli occhi rivolti al passato» come diceva Giorgio de Chirico, non nei meandri della storia dell'arte, bensì nelle inevitabili ripercussioni che il totalizzante "atteggiamento avanguardistico" degli operatori culturali attivi a partire dagli inizi del Novecento ha avuto, volente o nolente, sulle ultime generazioni.

Con questo, e lo voglio fortemente sottolineare, non sto affermando che il gigantesco movimento denominato Street Art sia una naturale emanazione di ciò che a livello artistico si è prodotto nel corso del XX secolo; ciò nonostante, l'esigenza e l'attitudine comune alle generazioni operanti nei primi del Novecento al "totale rifiuto" del classicismo istituzionale a favore di un'immersione nelle pratiche, nelle atmosfere e negli approcci del fare e del vivere quotidiano "predispone" le testimonianze successive.

Ecco quindi, e inevitabilmente, apparire il riferimento alle Avanguardie Storiche di inizio Novecento quali Futurismo e Dadaismo in tutto quello che riguarda la volontà di scardinare ogni certezza sia materiale sia culturale, tentando una modifica contestuale a ogni approccio singolo e collettivo del fare artistico come anche allo stesso sistema che lo coordina.

La necessità di travolgere e stravolgere ogni ambito dell'estetica vede tratti comuni, sebbene poi sistematizzati in modo differente, con la disciplina del Writing e con la Street Art. Non è solo l'opera d'arte in sé che cambia, ma è anche la sua stessa processualità a mutare. L'ironia e il *non-sense* tipicamente dadaista, combinati con la dirompente e provocatoria vena distruttiva/ricostruttiva futurista, sono elementi evidentemente riscontrabili anche in molte operazioni di Street Art che, consapevolmente o meno, hanno attinto da questo straordinario retroterra culturale-artistico.

La "sconsacrazione" del prodotto artistico è il risultato di una ricerca e di un processo molto lungo nel quale i futuristi e i dadaisti per primi, seguiti poi da molte altre Neo Avanguardie degli anni Sessanta, si sono impegnati caparbiamente.

In riferimento all'arte urbana in genere non è inusuale notare delle evidenti influenze dadaiste, soprattutto per la parte "comportamentale"; in realtà, un altro movimento, tutto italiano, ha dato alle espressioni successive la possibilità di potersi spingere oltre l'istituzione, oltre la regola, oltre i materiali e anche oltre le ideologie stesse. È il Futurismo multimediale, e non il suo ambito pittorico e scultoreo consacrato e celebrato in tutti i musei mondiali, a divenire fondamentale nell'approccio vitalistico, a rompere con la tradizione espressiva; questo va particolarmente a colpire tutti quegli ambiti, così detti "sinestetici", che coinvolgono l'operare artistico in ogni possibile manifestazione ed esperienza. L'evolversi della civiltà industriale e la composizione di un nuovo assetto sociale, il rinnovamento del pensiero operato dalle scoperte scientifiche e lo sviluppo delle comunicazioni obbligano la società europea a una inevitabile trasformazione[2].

Uno dei luoghi privilegiati da cui attingere è, soprattutto per il Futurismo, proprio la metropoli, simbolo di un nuovo concetto di civiltà che avanza velocemente come centro di scontri di tensioni e come sistema contemporaneo in cui vivere a pieno ogni ambito dell'esperienza umana[3]. Lo spazio urbano, interpretato come contenitore totale di ogni possibile sperimentazione, è esaltato nel suo dinamismo, nella sua frenesia, nelle sue macchine in movimento e nei suoi rumori. I futuristi, anticipando le teorie di Marshall McLuhan, non cercano di rappresentare, come spesso si pensa, il feticismo per la nuova meccanicità imperante, bensì evidenziano l'influenza formante che i nuovi mezzi di comunicazione, di trasporto e di informazione hanno e avrebbero avuto sulla sensibilità comune[4].

Il Futurismo si rivolge, perciò, sia alla struttura artistica generale, sia agli aspetti meno considerati o extra artistici, che fanno dello stesso movimento il primo in assoluto a dilatare l'intenzione estetica oltre i confini dello stesso fare artistico. Si tratta di un distacco, da vedersi in termini epocali, nato dalla "crepa" venutasi a creare tra una cultura non conformista, indipendente e decisamente giovane e una società aggrappata «ai simboli tranquillanti (che soprattutto in un certo tipo di arte accademica ben s'esprimono) del proprio benessere materiale e spirituale, reale o illusorio che fosse, e comunque a posizioni mentali già acquisite grazie anche all'insistente azione d'ordine di un potere, come ogni potere tendenzialmente conservatore»[5]. Con tale atteggiamento totalizzante, che non esclude nessuna sfera dell'esistenza umana, il Futurismo punta sulla violenta sorpresa, sul disorientamento e sull'aggressione dello spettatore ignaro e assuefatto al compiacimento tradizionale, quello che, dal 1916 in poi, sarà l'atteggiamento distruttivo del Dadaismo, opponendosi però al nichilismo intrinseco del movimento nato a Zurigo con un positivo credo nel futuro, nel progresso e nella civiltà.

L'intenzione primaria del Futurismo è da vedersi prima di tutto all'interno di un nuovo assetto teorico e solo in seguito manifestato nei singoli prodotti realizzati. Il merito del Futurismo, soprattutto se visto in omologia con le interpretazioni e le normalizzazioni dei decenni successivi, è da considerare in tutto il suo sforzo critico e teorico anche quando la formalizzazione artistica non troverà concreta realizzazione.

Il tutto doveva essere amalgamato in un'esperienza che non voleva e non doveva più essere sola "estetica" esistenziale; si pensi allo slogan lanciato dall'Avanguardia Arte=Vita[6]. In questo senso anche la Street Art presuppone che l'opera venga fruita dal pubblico in maniera totale. Ovviamente nella maggior parte dei casi con la Street Art siamo di fronte a *one shot event*, privi di qualsiasi affondo in una consapevolezza artistica e critica. Ciò nonostante in questo paradossale quanto intenzionale "corto circuito", ancora prima che con il Dadaismo, dobbiamo tenere conto dell'importante lezione futurista.

Continuando a seguire questo filo cronologicamente disconnesso, ma costellato di affascinanti elementi comuni tra correnti così distanti, è interessante chiamare in causa un altro grande movimento: il Situazionismo.

Gli attivisti dell'Internazionale, oltre ad utilizzare i muri per le proprie azioni sovversive, fanno del concetto di quotidianità e di esperienza vitale un vero e proprio *asset* concettuale, tentando di attualizzare l'utilità e le potenzialità interne nel desiderio di promuovere non solo un nuovo modo di fare anche arte, ma anche e soprattutto un diverso modo di vivere la città.

Pensiamo, ad esempio, al testo del 1961 di Henri Lefebvre *Critique de la vie quotidienne*[7]: analisi del vissuto, recupero della quotidianità attraverso la sua stessa banalità e trivialità, anche nella scansione metodica, passiva e alienante dello spazio urbano, sono i punti iniziali da cui parte la teoria dei "momenti" della vita quotidiana che Lefebre svolgerà parallelamente, in collegamento con la teorizzazione della "costruzione delle situazioni", tipicamente situazionista.

Altrettanto interessante è il primo numero di «Cobra», contenente un'affascinante testo sulla problematica architettonica del francese Michel Colle *Vers une architecture symbolique*. Esso si impernia su di una violenta critica dell'architettura funzionalista del tempo e rappresenta le premesse di quella disciplina che sarà condotta metodicamente dal 1953 nel Movimento Internazionale per un Bauhaus Immaginista e, nello stesso periodo, dall'Internazionale Lettrista, ovvero la *psicogeografia*. Lo strumento fondamentale di cui si avvale la ricerca psicogeografica è la *deriva*, definita dal Movimento come «il modo di comportamento sperimentale legato alle condizioni della società urbana, la tecnica del passaggio rapido attraverso vari ambienti». Si assiste perciò al pulsante desiderio di formare una nuova estetica basata esclusivamente sul comportamento e sull'esperienza derivata.

Quando, nel 1964, Marshall McLuhan scrive *Gli strumenti del comunicare*, prevede, nel delineare i caratteri della megalopoli elettronica del futuro, che il nuovo oggetto risultante della produzione di consumo di massa possa essere non più il possesso fisico delle cose, bensì l'attività di apprendimento inteso come ricezione continua degli stimoli e degli impulsi offerti dalla nuova città e società[8]. L'"uomo post-gutenberghiano" che si appresta a fruire delle strade della città come un "puro organismo ricetrasmittente", non è descritto come un soggetto in spostamento fisico-materiale bensì come una nuova identità in continua stimolazione percettiva.

Come anche descritto da Daniel Bell in *The Coming of Post-Industrial Society: A Venture in Social Forecasting*, la società post industriale nella quale stiamo vivendo, è una società ad elevato quoziente informativo e partecipativo dal punto di vista socio-culturale e anche una società estetica in senso lato[9]. Così come la pubblicità, il mercato e soprattutto ogni forma di comunicazione, sono stati profondamente influenzati da tutti questi cambiamenti, non è difficile immaginare come anche l'arte abbia modificato i suoi metodi di approccio nei confronti di un nuovo pubblico dotato di un background culturale fino ad oggi sconosciuto.

In questo contesto alla fine degli anni Sessanta una nuova forma di aggressione estetica si prepara a tramutare il concetto di vivere collettivo entro una dimensione urbana/metropolitana al punto da, in pochi anni, tramutare la stessa in una reale Avanguardia artistica e, quasi due decenni dopo, a generare la normale conseguenza della *street attitude*.

Non è affatto un caso che gli Stati Uniti, e in particolare Philadelphia e New York, rappresentino i primi "campi di battaglia" in cui dare vita e forma a un nuovo linguaggio visivo. Città metropolitane, luoghi stranianti, desolati, degradati dalla rivoluzione urbana in atto in quel periodo: l'America si trova a combattere una nuova guerra sociale oramai sprovvista degli ideali urlati e motivati dai grandi rivoluzionari degli anni Sessanta come Martin Luther King, le Black Panther di Huey P. Newton e Bobby Seale o Malcom X.

Il pubblico a cui si rivolgono questi attivisti sono le nuove generazioni, per lo più afro e ispano americane, che, prive di cultura artistica, senso civico e coscienza collettiva si accalcano nelle strade dei quartieri più degradati di queste grandi metropoli in cui l'unica possibilità di sopravvivenza è l'eliminazione del più debole e la prevaricazione fisica e psicologica.

Sono loro i *Rats in the Street* di cui parla Malcom X in alcuni celebri discorsi pronunciati tra la fine degli anni Cinquanta e i primi anni Sessanta. Sono loro i "topi di città" furtivi, veloci, perennemente in fuga, pronti a riscattare la propria identità solo se spalleggiata da un nuovo concetto tipicamente americano, la *crew*, la banda.

Il gruppo, spesso legato a un micro territorio periferico rappresenta, per queste nuove generazioni, una nuova forma di potere legislativo, economico, sociale e culturale tanto potente da prevaricare le istituzioni. All'interno di queste crew non si combatte solo per il controllo territoriale: molti di loro scelgono di munirsi di una nuova identità in grado di "marcare" il proprio passaggio mediante segni graffiati sui muri della città. La rivoluzione/evoluzione a cui si assiste in quel periodo è direttamente proporzionale alla possibilità di sviluppare la propria presenza tramite l'occupazione illegale di una porzione di territorio urbano. Ciò che accade a più livelli storici e culturali segna inequivocabilmente la nascita del Writing stesso, sottolineando, al contempo, un'esplosione grafico-linguistica mai vista fino a quel momento e una involuzione ideologica scatenata in tutto il decennio Settanta.

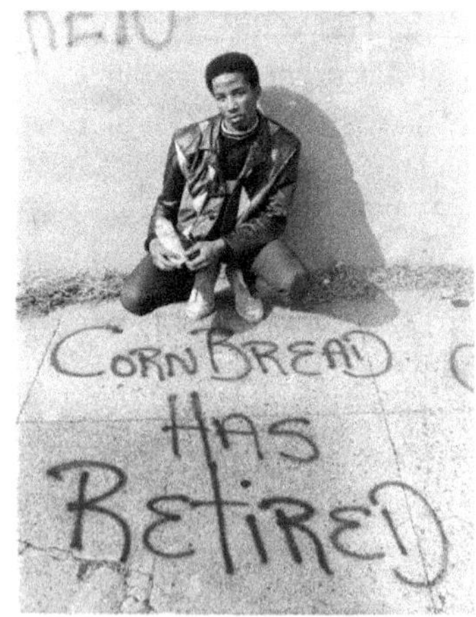

Cornbread annuncia per strada il suo ritiro dalla scena, Philadelphia 1971

Malessere e volontà innovativa, mai come in quel momento storico, respirano le stesse intenzioni e nonostante la sperimentazione artistica non subisca momenti di sosta, il decennio in questione è caratterizzato da una violenta battuta di arresto in cui la perdita dei valori estetici enucleati nei famigerati anni Sessanta tratteggiano dieci anni di storia internazionale.

I graffiti writer si innestano in questo lungo istante storico decodificando, attraverso il proprio disagio e la propria volontà di esistenza, il segno stesso di un intero passaggio generazionale[10].

In questo terreno furtivo e perlopiù analfabeta crescono Cornbread, Julio 204, Taki 183 (tanto per citare i primi *tagger*) pronti a trasformare la semplice scritta del proprio nome, ovvero la *tag*, unita al codice della strada in cui vivono, in una reale rivoluzione linguistica ancora in atto. Sono loro i pionieri del Writing o, per essere più precisi, del *lettering*: quando è la lettera stessa a subire modificazioni strutturali in grado di potenziare lo stile iniziale e quando è la scrittura a determinarne le sofisticazioni in atto, allora possiamo veramente parlare di disciplina. Solo in questo caso possiamo veramente parlare di autori appartenenti al Movimento in grado di elaborare la lettera, e di conseguenza il proprio nome, in favore di una maturazione stilistica in progress[11].

È importante comprendere la distinzione stilistica e culturale non solo per dovere scientifico nei confronti di una realtà artistica che ha già più di quarant'anni di vita, ma anche per iniziare a "sfoltire" le tante inesattezze enunciate nel corso degli ultimi anni.

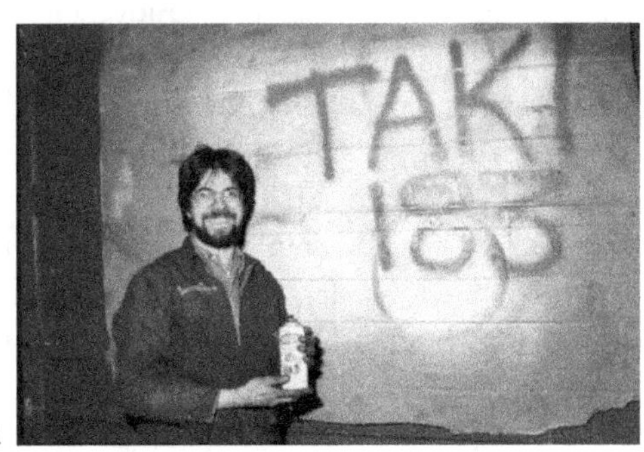

Taki 183, New York 1971

Una su tutte è l'errata e avventata classificazione di Jean-Michel Basquiat e Keith Haring come padri e precursori della disciplina del Writing[12]. Senza entrare nello specifico stilistico dei due grandi autori ritengo sia importante affermare che entrambi sono molto importanti per lo sviluppo artistico di una New York brulicante di nuove sottoculture, ma che non sia esatto continuare a definirli *graffiti writer*[13].

È noto che Basquiat ha una prima esperienza giovanile per le strade della Downtown newyorkese firmandosi SAMO© insieme all'amico Al Diaz, ma buona parte della sua carriera verterà su di una predilezione iconografica data da una predominanza di un tratto infantile e regressivo molto più simile all'Art Brut di Jean Dubuffet che non al *lettering* avanguardistico del tempo[14].

Un discorso in parte simile va fatto per il celebre Keith Haring forse più legato a un immaginario visivo semplice e diretto che preannuncia l'istantanea forza comunicativa della successiva Street Art piuttosto che la complessa codifica del lettering[15].

Hanno entrambi, in modo personale e unico, segnato il corso dell'icona furtiva "graffiata" velocemente sui muri di strada, ma non hanno dato alla lettera la predominante stilistica che ha, al contrario, caratterizzato il percorso dei grandi *writer* di prima generazione. C'è in questi due grandi autori un'atteggiamento concettuale molto più vicino al concetto di Street Art *ante litteram* più di quanto non ci sia nel Writing di prima generazione.

Allo stesso tempo è giusto anche aggiungere che entrambi si muovono in modo solitario non appartenendo a specifiche *crew* di *writer* pronte a scandire la proprietà di uno specifico territorio urbano "taggando" il percorso o invadendo le superfici dei treni della metropolitana. Certo, sono graffitisti a tutti gli effetti, lavorano nella strada e operano in piena illegalità come buona parte dei loro colleghi di quel periodo ma non possono essere affiancati al gruppo di *writer* che ebbero il ruolo di sviluppare il segno iniziale di una lettera inizialmente impostata dal *signature style*[16].

Si dovrebbe avere la giusta puntualità critica per affermare che la necessità prioritaria del più generico Writing nel rivendicare una presenza, un'esistenza all'interno di un luogo che è quello dello spazio urbano della città contemporanea, caratterizza

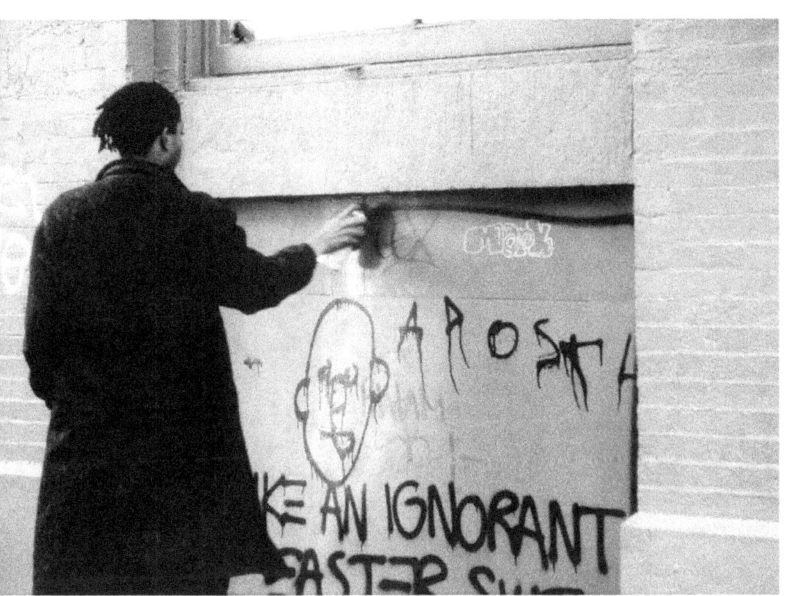

Jean Michel Basquiat ritratto da Edo Bertoglio, *Ignorant 1981*, New York 1981

l'intero corso culturale del Novecento. Ovviamente in ogni momento storico il "segno" adottato per certificare la presenza di un passaggio estemporaneo è stato modificato e diversificato anche nei materiali utilizzati, ma la caratteristica del "Qui, Ora e Veloce" è insito nel codice di appropriazione indebita del Writing prima e della Street Art dopo.

Si faccia però attenzione a non confondere i vari ambiti delle due correnti e ad accumunare intenti visivi opposti, che nel *lettering* sono sviluppati dalla sofisticazione della costruzione della singola lettera (unita ovviamente all'uso sapiente di cromie particolari date dalle nuove marche di bombolette che permettono maggiori divagazioni coloristiche su di un tema che resta sempre la lettera che compone il nome dell'artista).

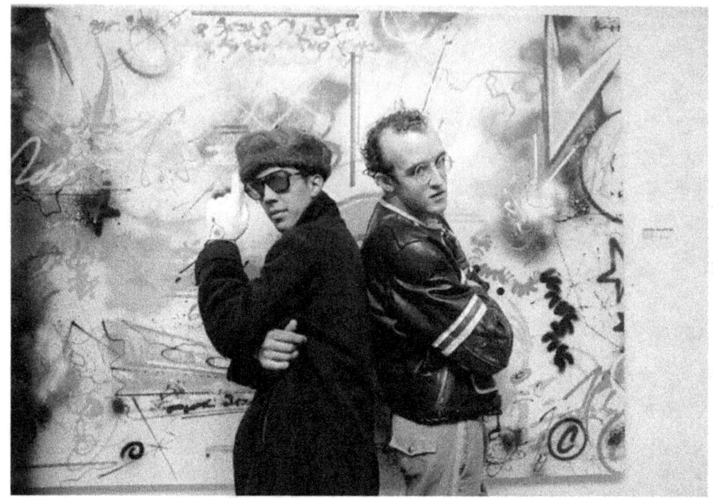

Futura 2000 e Keith Haring, Fun Gallery, ritratti da Sophie Bramly, New York 1983

Il *lettering* è maturato e si è espanso come un virus impazzito in ogni città metropolitana non solo occidentale, trasportando sul proprio tratto evolutivo le principali caratteristiche di una personalissima e variegata cultura. Allo stesso tempo il *lettering* si è reso complesso, chiuso in se stesso, autoreferenziale e intento a dimostrare solo a chi ne faccia parte come e quanto il tratto si sia evoluto tramite anche le nuove tecnologie giunte negli ultimi anni[17].

Caratteristica invece assente nelle larghe maglie della Street Art che non prevede il confronto (almeno iniziale), il dialogo, la sfida al tratto e allo stile e, soprattutto, l'assenza di un gruppo "iniziatico e strutturato" che spesso muove il *lettering*.

Nello stesso momento in cui, sul finire degli anni Ottanta, il sistema dell'arte (e non l'istituzione pubblica) digerisce e "assorbe" parte del Movimento, proclamando a star dell'arte contemporanea occidentale alcuni dei padri fondatori del Writing come Rammellzee, Futura 2000, Lady Pink, Lee, Seen, Blade, Tracy 168, la strada si prepara ad accogliere molto di più di quanto fatto fino ad allora.

L'atteggiamento iniziatico è simile: stesso approccio vandalico, illegale, critico e autoreferenziale ma svuotato di quel senso di appartenenza a un gruppo, che tratteggia tuttora il *lettering*, e privo di auto definizione imposto dalla celebrazione continua e beffarda del proprio nome[18].

Siamo dinnanzi a un momento epocale in cui il Movimento vive dei primi "tradimenti", della commistione con altri generi artistici, della possibilità di travalicare la disciplina stessa, rifiutandone addirittura il principio stesso della *tag* come passaggio fondamentale di un intervento che si sviluppa poi nel *throw up* e nel pezzo concluso.

Addirittura non serve più la bomboletta: si preferiscono materiali e tecniche più antiche (e anche meno costose) come lo *sticker* (ovvero l'adesivo), il poster, lo *stencil*, il pennello, il rullo e le tinte cromatiche che discendono direttamente dai *murales* di antica tradizione.

Le città si trovano così costrette a subire un'altra violenta e massifica "invasione" stilistica, ancora più veloce del Writing stesso, in cui la pelle muraria si veste di nuovi mini abiti in cui non vi è una firma precisa di un passaggio singolo o collettivo, bensì slogan, disegni provenienti da una prolifera nuova generazione di fumettisti o illustratori, *hacker* della comunicazione visiva di massa.

La *Cross Culture* iniziata nei primi anni Ottanta ha il sopravvento, frammentando il "purismo" della disciplina in innumerevoli interventi in cui non è più fondamentale sapere disegnare. Potremmo azzardare l'ipotesi che la complessità estetica del *lettering* di ultima generazione non sia per molti e la stessa fruizione furtiva e veloce dell'intervento di strada non riesca a supportare la codifica degli interventi dei *writer* più abili. È come se una lenta ma costante regressione estetica data dalla velocità di realizzazione e di fruizione propria degli ultimi due decenni si fosse imposta anche negli stili di strada, prediligendo micro azioni opposte alle regole della disciplina del Writing.

Dall'altro lato, i vari interventi di ultima generazione sono altresì supportati da una presa di coscienza collettiva assenti nel *lettering*; la denuncia politica, economica e sociale, così come la volontà di sovvertire i codici della comunicazione massmediologica diventano i tratti distintivi di una pratica in cui non è più necessario firmare il proprio passaggio.

Alle immagini, agli slogan pungenti e irriverenti, agli spaesamenti linguistici tipici delle Avanguardie Storiche e delle Neo Avanguardie degli anni Cinquanta/Sessanta (come abbiamo già avuto modo di affermare in precedenza) viene dato il compito di moltiplicarsi come un'unica guerriglia urbana pronta a risvegliare le masse dal torpore della narcolessia comunicativa e tecnologica.

Si assiste alla nascita ufficiale, sotto la generica etichetta di Street Art, della Poster Art, della Stencil Art, della Sticker Art, del Wall Drawing ovvero di nuove manifestazioni illegali pronte a denunciare un sistema economico e sociale sempre più globalizzante e straniante. La "società dello spettacolo" a cui si riferisce Guy Debord è la stessa che criticano le ultime generazioni di *street artist*, tentando, con lo stesso ardore interventista, un *over all* estetico in cui la città diviene un'unica gigantesca vetrina da ricoprire con i più disparati messaggi[19].

In molte di queste pratiche c'è un'attenzione rivolta più alle ripercussioni di codifica e comprensione da parte del pubblico di massa (ovvero i cittadini) più di quanto non vi sia una reale intenzione stilistica. È altrettanto vero che molti di questi sono poi divenuti veri e propri operatori culturali ma sarebbe inesatto affermare che tutta la Street Art che si vede per le strade abbia al suo interno una consapevolezza artistica. Non a caso le star di questo Movimento sono sempre meno e non di più come si crede; al contrario aumentano a dismisura i singoli interventi, spesso anonimi, che mirano a destabilizzare il sistema sociale del territorio aggredito. Queste neonate forme di arte di strada si moltiplicano così velocemente da essere divenute, negli ultimi anni, più presenti, dello stesso Writing[20].

E non è un caso che il riferimento vada anche al Movimento Situazionista perché anche la Sticker Art[21] e la Poster Art vedono le proprie origini alla fine degli anni Cinquanta in concomitanza con il boom dell'*advertising* e dei *billboard* pubblicitari.

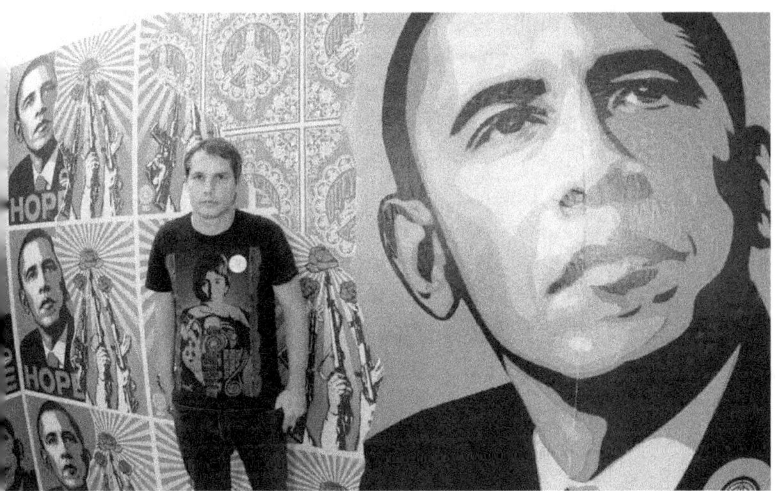

Shepard Fairey ritratto da Hrag Vartanian, 2016

A partire dalla fine degli anni Settanta, l'utilizzo dell'adesivo diviene sempre più presente in casi come l'artista irlandese Les Levine, le americane Barbara Kruger e Jenny Holzer, il newyorkese Dan Witz e soprattutto, a partire dal 1984, il giovanissimo Shepard Fairey (meglio conosciuto come Obey).

Il caso di Shepard Fairey risulta, ancora oggi, il momento più interessante di un'inversione di tendenza del tutto nordamericana nei confronti dell'utilizzo di supporti e materiali fino a quel momento legati ad altri contesti. Lui stesso racconta che, nel luogo dove viveva, gli *sticker* di cui si serviva erano principalmente quelli messi in circolazione dalle marche di *skateboard* o dai gruppi punk-rock di chiara provenienza West Coast.

Nel Sud Carolina, nel 1984, i graffiti quasi non esistevano, fatta eccezione per «Darnell loves Shanice» e «Go Bobcats» che, come abbiamo già ribadito, non hanno nulla a che vedere con la disciplina artistica. Ma nel 1988, subito dopo il suo trasferimento alla Rhode Island School of Design di Providence, Fairey comprende il reale potenziale di questo strumento e la possibilità di poterlo utilizzare anche come messaggio estetico.

Il concetto di multiplo tanto caro alla Pop Art rientra perfettamente nell'intenzione programmatica di un giovane che, nella strada e nelle sue potenzialità, riconosce il più grande museo all'aperto. Per parlare di un manifesto vero e proprio, che Fairey pubblicherà solo nel 1990, dobbiamo attendere che il nostro comprenda anche le potenzialità non solo del mezzo ma anche del messaggio: è la propaganda potente e sovversiva interna alla Sticker e alla Poster Art a prendere il sopravvento ancora prima che il giovane autore ne colga tutte le possibili sfumature[22].

Il passaggio da singoli interventi a una vera e propria sottocultura è molto breve e in questo l'atteggiamento *over all* ha molto in comune con il concetto di *bombing* che sta alla base della *tag*; cambia, come si evince dai discorsi fatti in precedenza, l'adesione a una comunità culturale molto più allargata che, nella contaminazione con gli interventi pubblicitari delle città, vede il principale aspetto contaminante.

Si attaccano gli spazi pubblici come quelli privati, si scelgono indiscriminatamente muri centrali e periferici, non lasciando mai una firma del proprio passaggio, ma la possibilità al cittadino di scontrarsi con un messaggio opposto a ciò a cui si è oramai abituati. A questo punto non si può non ricordare quanto i suoli urbani siano diventati un unico gigantesco spot a cui fare riferimento per pubblicizzare un prodotto, un *brand*, un messaggio politico o sociale: siamo oramai molto distanti dalle stimolazioni visive indotte dai vari organi di stampa o radio televisivi degli anni Cinquanta e Sessanta.

Siamo entrati in un'epoca post mediale in cui la iperstimolazione sinestetica ci attacca da ogni lato e in ogni luogo, interferendo con il più classico concetto di pubblico e privato. In questo *humus* si sono formati i nuovi "terroristi" estetici della strada che, perfettamente integrati nelle logiche di rappresentazione post moderna, usano con simboli o messaggi molto semplici le stesse strategie comunicative delle multinazionali. Il corto circuito messo in atto fra ciò che si riconosce e ciò che si codifica ma non si conosce ha raggiunto un livello interpretativo così alto da permettere ai poster e agli adesivi degli *streeter* di "fissarsi" nella nostra memoria collettiva.

La bomboletta non serve più, non c'è bisogno di "taggare" la strada per segnare un territorio, non serve scegliere accuratamente un nome altro dal proprio che caratterizzi stile e provenienza. I "post graffitisti" non chiedono un riconoscimento che non sia dato dai simboli o dai disegni divenuti una vera e propria *corporate identity* molto di più della *tag* siglata velocemente dal pennarello o dallo spray.

Al contrario l'uso dei vari programmi di grafica permette a tutti loro di sviluppare la bozza di un disegno, di un manifesto, di una scritta, di uno slogan che poi, solitamente, viene rimaneggiata in un uso "fai da te" di carta fotocopiata, di poliuretano espanso, di fogli adesivi, di tinteggiature dal chiaro rimando al murales dai lontani echi messicani di epoca surrealista. Le tematiche restano aggrappate alla denuncia, alla critica e alla insoddisfazione verso un potere globalizzante e asfissiante e, tutti loro, scelgono luoghi e contesti in cui sottolineare tale presa in carica. Questi artisti hanno bisogno di grandi muri, di ampie superfici perché ciò che realizzano ha spesso a che vedere con una narrazione tanto semplice quanto articolata[23].

Critica alla censura, quindi, volontà di opporsi a un sistema generalizzato che sta ponendo sullo stesso piano realtà e culture differenti fra loro: tutti questi autori, quelli noti e quelli anonimi, si muovono sulla stessa parallela estetica tentando di modificare l'approccio non solo al quotidiano urbano ma anche al modo di intendere e vivere la realtà che ci circonda. Il tratto distintivo, nonostante le innumerevoli personalità artistiche, è la volontà di scatenare il diverso, di muovere l'apatia della rassicurazione, di insorgere in nome di una visione e di un pensiero personale che accomuni un collettivo.

Il tutto grazie anche, non solo alla singola visibilità data dalla scelta di un luogo strategico in una metropoli internazionale: la grande "esplosione" della Street Art è avvenuta non solo grazie ai "colpi" anonimi e altrettanto affascinanti di Banksy, bensì anche alla gratuita forma di condivisione e celebrazione offerta dalla rete Internet[24].

Per molti casi la popolarità di un artista urbano è quanto più legata alla popolarità che questo ha raggiunto sul web. La dimensione virtuosa della rete Internet genera azioni, relazioni e dinamiche sociali; grazie ad essa, infatti, si è enormemente ampliato il dibattito e l'interesse intorno al movimento, si sono allargate le maglie degli amanti del genere e si è formata una vera e propria schiera di fans che seguono i propri artisti preferiti proprio attraverso questi mezzi. L'idea stessa di una creatività collettiva non è certo nuova, è un'intuizione delle avanguardie storiche degli anni venti ed è stata una pratica delle avanguardie degli anni Sessanta e Settanta, ma attraverso la Rete esce dal cerchio di un élite artistica e intellettuale e supera i confini del marchio ideologico.

L'idea trascende perciò l'abilità e la tecnica con cui potere presentare il nuovo dissenso: si comprende perciò, che, salvo i casi delle star internazionali della Street Art di cui si è brevemente parlato, i restanti attacchi visivi risultano anonimi e indubbiamente marcati da un prodotto *low cost* a cui tutti possono accedere. Il nuovo millennio ha dato la possibilità a tutti di avere solo "quindici minuti di notorietà", ma anche quindici centimetri di spazio pubblico su cui intervenire.

1. Saggio pubblicato per la prima volta in C. Musso - F. Naldi (a cura di), *Frontier. The Lyne of Style*, Damiani, Bologna 2013

2. Cfr. Mario Verdone, *Il Futurismo*, Tascabili Economici Newton, Roma 1994

3. Cfr. Enrico Crispolti, Franco Sborgi (a cura di), *Futurismo. I grandi temi 1909-1944*, Mazzotta, Milano 1998

4. A tale riguardo si veda Marshall McLuhan, *Gli strumenti del comunicare*, Il Saggiatore, Milano 1967, e Renato Barilli (a cura di), *Estetica e società tecnologica*, Il Mulino, Bologna 1976

5. Maurizio Calvesi, *ibidem*, p.32.

6. Nel rapporto con il movimento certo è che i Futuristi stavano tentando una via molto più complessa ed articolata, e soprattuto si tentava una differente posizione di fruizione e di lettura dell'opera

7. Cfr. Henri Lefebvre, *Critica della vita quotidiana*, Dedalo, Bari 1977

8. Marshall McLuhan, *Gli Strumenti del Comunicare*, op. cit.

9. Daniel Bell, *The Coming of Post-Industrial Society: A Venture in Social Forecasting*, Basic Books, New York, 1973

10. Cfr. Norman Mailer, *The Faith of Graffiti*, Polaris Communications, New York 2009 (1974)

11. Cfr. AA.VV., *Born in the Street. Graffiti*, catalogo della mostra, Thames and Hudson Edition, Londra 2009

12. Con quanto detto sono cosciente di prendermi una enorme responsabilità critica, ma sono convinta che ne valga la pena. Ritengo inoltre che sia doveroso distinguere per meglio far comprendere e codificare i tratti stilistici degli artisti in questione

13. G. Celant - L. Dennison (a cura di), *New York, New York. Fifty Years of Art, Architecture, Photography, Film and Video*, Skira, Milano, 2006

14. Cfr. Phoebe Hoban, *Basquiat - vita lucente e breve di un genio dell'arte*, Castelvecchi, Roma, 2006 e AA.VV., *The Jean-Michel Basquiat Show*, Skira, Milano 2007

15. Cfr. AA.VV., *Keith Haring. Retrospettiva*, Electa-Mondadori, Milano, 2001 e Keith Haring, *Diari*, Mondadori, Milano 2001

16. Nel corso dei decenni successivi, il *signature style*, il *font* graficamente più semplice, sarà violentemente modificato e sviluppato dalle successive generazioni del Writing europeo di Berlino, Parigi, Amsterdam, Londra, Bologna e Milano

17. Mi riferisco in particolar modo a Evan Roth e ai Graffiti Research Lab, in particolare si veda Claudio Musso, *Evan Roth: Graffiti Taxonomy. Il Writing tra ricerca e documentazione*, Digimag 54, maggio 2010, ora in Claudio Musso, *Dalla strada al computer e viceversa*, Libri Aparte, Bergamo 2017

18. È giusto anche sottolineare che tra il 1988 e il 1989 non vi è città occidentale che non si sia preparata all'attacco dei *writer*. I treni della metropolitana vengono ricoperti di una pellicola in grado di respingere gli interventi dei "bombers" più violenti e le stesse strade iniziano a essere "controllate" non solo dalle forze dell'ordine ma anche da un numero consistente di telecamere a circuito chiuso pronte a rilevare gli atti illegali

19. Guy Debord, *La società dello spettacolo*, Baldini Castoldi Dalai, Milano, 2008 (1967)

20. Cfr. C. Walde, *Sticker City. Paper Graffiti Art*, Thames and Hudson, Londra 2007

21. Nel 1935 l'industriale R. Stanton Avery inventa il primo adesivo per pubblicizzare la propria azienda ma i tempi non erano ancora maturi per comprendere a pieno il potenziale di uno strumento/messaggio di tale portata. Passeranno più di 25 anni prima che lo "sticky label" sia pienamente utilizzato nei contesti più diversi

22. Shepard Fairey, *MANIFESTO. A Social and Psychological Explanation*, (1990), in AA.VV., *Obey. Supply & Demand. The Art of Shepard Fairey*, Gingko Press, Berkeley 2006

23. Cfr. AA.VV., *We Come at Night. A corporate street art attack*, Red Bull Edizioni, Berlino 2008

24. In alcuni casi sarebbe opportuno prendere a prestito il motto di spirito utilizzato per il film sui Sex Pistols *The Great Rock 'n' Roll Swindle*

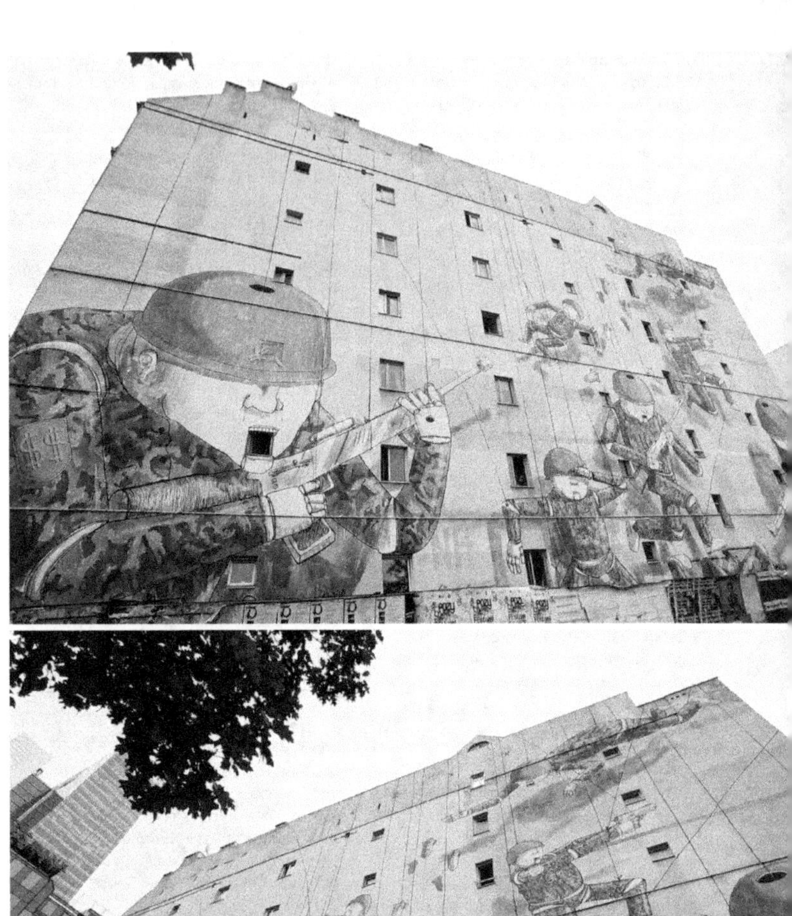

Blu, ul. Sienna 45, Varsavia 2010

Public or not Public? This is the Question

Credo sia il momento di ristabilire alcune "coordinate" basilari per muoversi, per quanto sia possibile, entro il complesso e disarticolato panorama dell'intervento artistico sviluppato in un luogo o in uno spazio pubblico. Parto perciò dalla prima considerazione di riflettere, sebbene in modo quasi didattico, sul fatto che, dopo oltre un secolo di sconfinamento dai classici dispositivi artistici, il concetto di pubblico è esploso proprio fuori dai canoni prestabiliti: vale a dire che c'è molto altro fuori dal concetto di monumento inteso come soggetto e oggetto commissionato in onore e volontà di una precisa situazione (sia essa storica, sociale, antropologica, artistica). Procedo ancora per piccoli passi aggiungendo, sempre in maniera didascalica, che buona parte delle produzioni contemporanee sono intrinsecamente pubbliche nella misura in cui il fruitore, lo spettatore, il cittadino diviene codificatore e facilitatore dello stesso intervento. Ancora, avanzo un'altra "banale" riflessione circa la possibilità (che è nell'attualità dei fatti) di aggiungere all'extra artistico consolidato dalle precedenti Avanguardie la tanto compiaciuta esplosione dell'arte urbana.

In questo contesto è impossibile una, seppur breve, introduzione storica ad un fenomeno che nasce con tutte le caratteristiche di una pervasiva Avanguardia in grado di ramificarsi ed estendersi oltre le iniziali credenziali interne. Certo, c'è stato un tempo tra la fine degli anni Ottanta e i primi Novanta in cui un manipolo di personaggi provenienti da diversi ambiti (graffiti, fotografia, grafica) abbandonarono la bomboletta per riportare sulla superficie della città altre modalità espressive, altri contenuti, altri impegni che non sempre sono presenti nella "vecchia" disciplina del Writing. Sono questi i casi, con scarti di pochi anni, di personaggi come, fra i molti, Blek Le Rat, Andrè, Bansky, Obey, Miss Van, JR, Honet.

Molto velocemente, e grazie alle operazioni mediatiche di Bansky, un approccio illegale, vandalico, socialmente impegnato, si espande a macchia d'olio su buona parte dell'Occidente, aprendo al nuovo millennio come una pratica estetica in grado di far saltare tutti i confini artistici grazie a una "apparente" libertà comunicativa, espressiva e sociologica.

Arrivo quindi all'oggi, cosciente di aver lasciato il lettore nelle mani di altre ricerche per connettere i vari punti, ma ancora una volta la sede mi permette di lavorare sull'attualità e meno sullo storico. Con poco più di 20 anni di storia alle spalle la fetta di arte urbana che vede coinvolta la Street Art (sia essa declinata in Poster Art, Stencil Art, Drawing Art, Sticker Art) sta prendendo il sopravvento entro i termini di occupazione di territorio. Per essere più chiara, ciò che sta sempre più avvenendo è una massiccia espansione fisica di una considerevole quantità di micro e macro progetti legati alla riqualificazione di superfici urbane che necessitano di un rinnovato abbellimento esteriore in grado di supportare la nuova, quanto preoccupante, teoria internazionale della *gentrification*.

Nonostante il termine possa apparire come qualcosa di misteriosamente oscuro e pericoloso, in alcuni casi, le operazioni urbanistiche e antropologiche realizzate per città come Parigi, Londra, Berlino, Lisbona sono in parte risultate propositive per il riassetto sociale di aree estreme o periferiche. Questo con qualche ritardo sta accadendo anche in Italia e qui la situazione si fa più complessa. Lo scenario in cui sempre più si sta intervenendo sul territorio nazionale è molto più articolato e strutturato di quanto non sia già accaduto per i casi citati: le aree immediatamente periferiche su cui si sta intervenendo non sono solo semplici luoghi sedimentati da un'architettura residenziale. Molte delle aree dove si è iniziato a lavorare sono "cuori" storici e antropologici di città millenarie che, nel tempo, hanno a loro volta sedimentato storia, cultura e tradizione. Ancora, le superfici su cui spesso si opera sono a loro volta testimonianze architettoniche di un passato artistico molto importante lasciate però "deperire" sotto la stretta maglia della complessità economica in cui si trova il nostro Paese. Torna allora molto comodo intervenire solo sulla superficie apparente, in una sorta di "abbellimento" istantaneo prono alle esigenze delle amministrazioni locali.

A dire il vero i casi in cui questa iniziale esigenza pubblica ha poi prodotto testimonianze e operazioni di alto livello sono accadute e sono tutt'oggi visibili in città come Torino, Bologna, Roma,

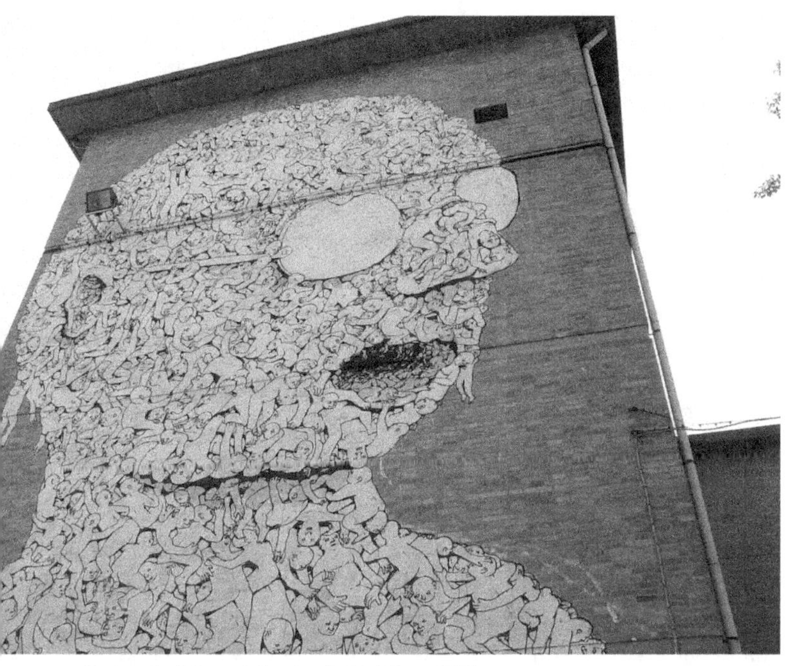

Blu, Scuola di Pace, via Lombardia 36, Bologna 2007

Campobasso (solo per citarne alcune). Ma l'ultima tendenza non premia la ricerca, la volontà curatoriale, le scelte artistiche operanti con forza in questo panorama urbano sempre più allargato; accade invece una sorta di speculazione estetica che mira a "buttare" sempre più colore sulle facciate senza argomentare, ricercare, operare scientificamente in un ambito così ampio quale è quello dell'arte urbana. C'è inoltre da aggiungere che improvvisamente gli autori "muralisti" sono esplosi numericamente quasi a dire che basta essere in grado di dipingere per potere realizzare un'impresa di tale portata. Si tiene ovviamente ferma la posizione che l'operatore culturale attuale sia in grado di "piegare" i dispositivi a proprio piacimento ed esigenza, sottolineando con forza quanto voluto dalle Avanguardie del Novecento; ciò nonostante l'intervento in esterno non è direttamente proporzionale alla dimensione.

La realtà attuale vede quindi un impoverimento culturale a favore di un arricchimento quantitativo atto a cavalcare "l'onda anomala" del compiacimento visivo, dello spauracchio partecipativo, del progetto trasversale pronto, solo in apparenza, a evidenziare le nuove proposte visive. Tali progetti si intersecano con il territorio, parlano agli abitanti (almeno questo è quello che sembra) ma vengono a mancare caratteristiche fondamentali non solo legate all'arte pubblica (come la riflessione sul *site specific* o *context specific)* ma a tutto il processo intenzionale e concettuale presente storicamente all'interno di questa porzione di produzione estetica

Pensare che questi interventi debbano restare nel sottobosco dell'underground estetico o solo a realizzazione di quelle associazioni culturali che operano direttamente sul territorio (e che spesso non hanno nessun rapporto scientifico con gli autori che agiscono da tempo all'interno della disciplina) dichiarerebbe un oltranzismo estetico che la stessa storia dell'arte ha tentato di cancellare; ma, allo stesso modo, ritenere di potere indistintamente operare sul territorio murale agendo solo sulla dimensione, sull'impatto visivo e sull'apparente attività partecipativa produce, ora più che mai, una serie di precedenti reattivi solo alla crescita di questa grande Avanguardia.

Il rischio quindi potrebbe essere che nell'intento (così come accadde per il Writing istituzionalizzato nella prima metà degli anni Ottanta) di supportare, promuovere, ampliare le discipline si proceda invece a un'operazione contraria nella quale l'arduo lavoro portato avanti in più di dieci anni di lavoro pubblico venga rovinato da una sorta di analfabetismo visivo e culturale di ritorno.

1. Articolo pubblicato originariamente in
onMAPS, #0, dicembre 2015 https://issuu.
com/maps-museumofartinpublicspace/docs/
onmaps_0

La presenza dell'arte urbana nel discorso pubblico è oggi uno dei temi maggiormente trattati alla luce delle urgenze di riqualificazione urbanistica, territoriale e culturale: gli argomenti che si usano però per "contestualizzare" l'intervento estetico in spazi pubblici si appropriano indebitamente di ambiti molto complessi e variegati dando vita, di conseguenza, a un dibattito spesso povero di contenuti. Urge ristabilire alcune coordinate basilari per muoversi, per quanto sia possibile, entro l'eterogeneo e disarticolato panorama dell'azione artistica sviluppata in un luogo o in uno spazio pubblico. Dopo oltre un secolo di sconfinamento dai classici dispositivi artistici, il concetto di pubblico è "esploso" fuori dai canoni prestabiliti: vale a dire che c'è molto altro oltre l'idea di monumento inteso come soggetto e oggetto commissionato in onore o per volontà di una precisa situazione (sia essa storica, sociale, antropologica, artistica). È importante anche ribadire che buona parte delle produzioni artistiche contemporanee sono intrinsecamente pubbliche nella misura in cui il fruitore, lo spettatore o il cittadino diviene attraverso molteplici canali il principale utente dello stesso intervento.

[...] Si fa un gran parlare di cultura generalmente intesa, in maniera del tutto inaudita e fuorviante, come ancella della crescita economica – senza sviluppare una seria riflessione su cosa sia in realtà e senza interrogarsi su quanto di quel che viene spacciato per culturale sia effettivamente tale; e sposando di solito una concezione che la vede più come ornamento che come coscienza critica dell'epoca in cui viviamo [1].

La questione del decoro[2] e dell'ornamento[3] è uno dei punti salienti del dibattito che si vede concentrato a localizzare, codificare e istituzionalizzare una branca dell'arte pubblica che vede oramai inserite anche il Writing[4] e quella che si continua ad etichettare come Street Art[5]. Se è possibile definire arte pubblica una parte

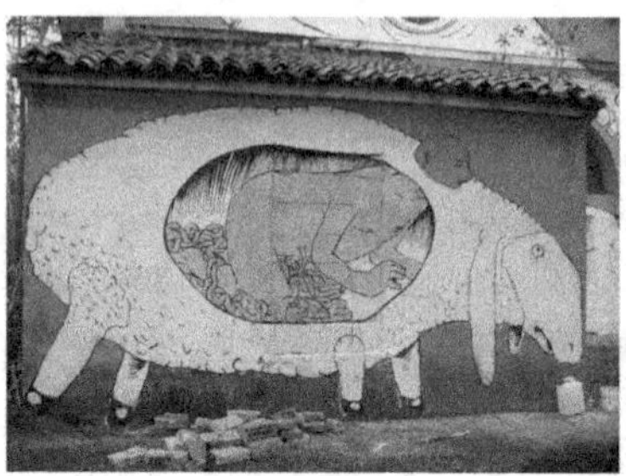

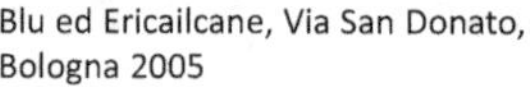
Blu ed Ericailcane, Via San Donato,
Bologna 2005

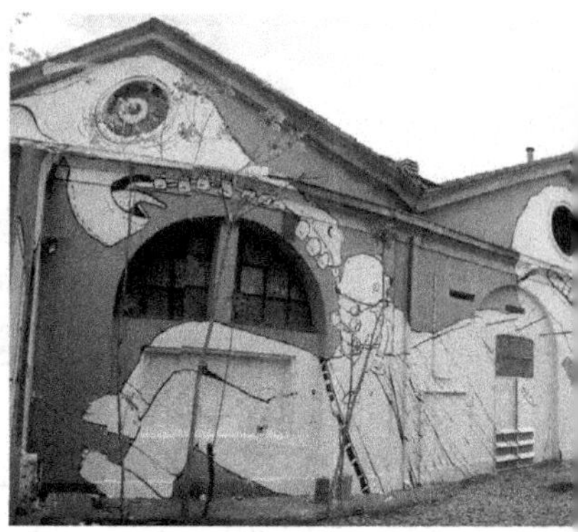

degli interventi, sia autorizzati che spontanei, realizzati con modi, stili e intenti diversi dai writer come dagli street artist, allo stesso tempo, non possiamo definire gli stessi come parte di un tutto. Quanto detto non è da intendersi solo come una via semplicistica di diversificare le testimonianze incontrate sui muri e sulle strade di buona parte dell'Occidente, ma è un dovere scientifico di chi si trova al cospetto di operazioni e tracce dense di significati e motivate da una scelta individuale da parte dell'operatore. Proviamo quindi a definire alcuni tratti sostanziali degli interventi (non solo pittorici) in area metropolitana al fine di comprenderne origini, logiche e intenzioni. Per fare questo è quasi impossibile non partire dalle chiare e differenti posizioni dei due contesti all'interno il vasto ambito dell'arte urbana. Innegabile che, nonostante si affermino nella strada, la disciplina del Writing e il vasto panorama della Street Art siano distinguibili all'origine e nella sostanza della loro rappresentazione.

Certamente lo spazio ospitante è lo stesso, ma a ben guardare i codici, le volontà e le progressive successioni di espressioni artistiche mantengono caratteristiche distinte, comunicando anche visioni quasi opposte. Il Writing può essere considerato una sorta di "grande madre" (6) da cui si sono dipanate diverse esperienze nate nell'underground statunitense dei primi anni

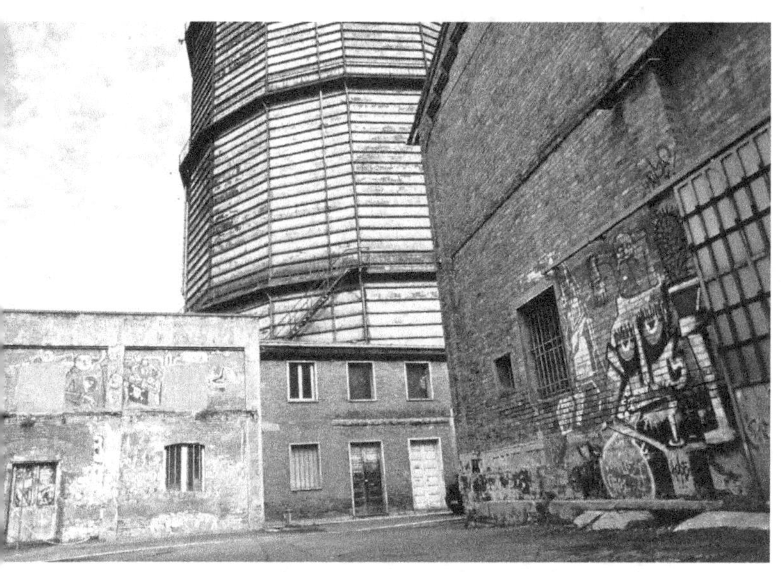

Settanta, mentre Sticker, Poster, Stencil e Drawing Art (tra le principali manifestazioni dell'arte di strada) prendono "coscienza" a partire dalla fine degli anni Settanta per poi consolidarsi solo con l'ultimo decennio del Novecento. Proprio perché legati a un immaginario collettivo decisamente postmoderno, gli elementi visivi ripresi dai principali protagonisti della cosiddetta Street Art sono dichiaratamente più immediati, visivamente riconoscibili e immediatamente fruibili dai destinatari più disparati. In parte perché gli operatori stessi provengono e meglio conoscono la piattaforma convenzionale dell'arte contemporanea e in parte perché sono più legati a un impegno (in bilico fra l'ideologico e il sociale) che li vede in prima linea pronti a interrompere il flusso sempre più distratto del nostro vissuto. Al contrario, il Writing è esercizio di ricerca interna ed esterna alla stessa "disciplina"[7], in cui il giovane "vandalo", poco alla volta, prende coscienza non solo della propria presenza in un preciso territorio, ma anche e soprattutto di uno stile in evoluzione: si parte dalla "semplice" tag ma, molto lentamente, si evolve in *throw up* fino a giungere al pezzo, ovvero un intervento compiuto e risolto in un evoluzione di uno stile preciso e in costante trasformazione[8].

Il Writing identifica se stesso nell'auto rappresentazione tradotta a partire da un *alter ego*, spesso in riferimento a un luogo, uno stile, un approccio in cui poche semplici lettere danno vita a una presenza alternativa che progressivamente marca lo spazio inscrivendosi tra le modalità di appartenenza ad un gruppo. La comunità nella "disciplina" è identificata come *crew*, luogo e motivo di confronto stilistico, mentre il campo di azione in cui si muovono, quasi mai soli, si concretizza nel *game*: un gioco sempre più articolato, cosciente e adulto in cui esprimere nuove possibilità linguistiche intergenerazionali e nuovi scambi geografici. Dalla comunicazione, un tempo di certo più lenta e faticosa ora invece supportata dalla fruizione in tempo reale del web, si allineano sperimentazioni, modificazioni, interazioni con stili, culture, influssi di varie provenienze che si rigenerano nello "scontro" continuo di un "gioco" che ha diverse sfaccettature, diverse "pelli" sulle quali marcare non solo una presenza intenzionale, ma anche una sfida in costante cambiamento. Tutto questo può di certo avvenire contro un ipotetico antagonista (sia esso di carattere urbanistico, sociale, economico o politico) ma, più che altro, la sfida è tra altri stili, altri segni di differenti *crews* che scelgono però lo stesso codice, la lettera, determinando tale *work in progress* solo all'interno della comunità di riferimento. Per questo, e per molto altro ovviamente, chi resta escluso da questo dialogo elitario non sempre comprende quanto invece questo linguaggio necessiti di scambi, seppure invasivi, pervasivi e spesso anche non autorizzati, e il più delle volte riconosce solo l'attacco immotivato, incomprensibile e a tratti percepito come pericoloso[9]. Immediatamente si evince che catalogare, comprendere, ordinare e preselezionare una "disciplina" così plurivoca e diversificata sia quasi impossibile e, a sua volta, resta altrettanto complesso ipotizzare una "pulizia" estetica entro i confini metropolitani.

Certo, le forze dell'ordine (pensiamo agli Stati Uniti) operano massicciamente per arginare tale flusso disordinato[10], ma non appena si individua una micro soluzione, poco distante tutto ciò si ripete con altri modi seppur con le stesse urgenze. La parte virale, la spinta di consapevolezza mossa dalle precedenti generazioni di writer, offre quindi una perfetta occasione alle voci che si addensano in quel magma visivo, comunemente chiamata Street Art in cui, invece, tutto quell'insieme di regole che precostituiscono la disciplina del Writing vengono a cessare.

Di certo sono cambiati i tempi, le modalità, le singole necessità ed è inevitabile che una scena tanto densa e in continuo ampliamento non possa essere subordinata a delle categorie rigide. Oramai è noto che alcune personalità possono aver dettato delle linee guida, ma l'arte urbana in questa accezione si muove di volta in volta in modo differente e solo prendendo in esame il singolo caso si può tentare una ricognizione oculata che tenga per prima cosa conto dell'intento dell'autore.

Tra la fine degli anni Ottanta e i primi Novanta un manipolo di personaggi provenienti da diversi ambiti (Writing, fotografia, grafica, illustrazione) sceglie eticamente di abbandonare la bomboletta[11] per riportare sulla superficie della città altre modalità espressive, altri contenuti più vicini all'antagonismo critico nei confronti di una pervasiva globalizzazione in osmosi con le tematiche promosse poi dai movimenti No Global e dai gruppi per l'indipendenza dei mezzi di comunicazione[12]. Sono molti gli artisti che partono dalla strada ma è certo anche grazie alle operazioni di enorme risonanza mediatica di Bansky o Obey[13], che un determinato approccio illegale, vandalico, socialmente impegnato, si espande a macchia d'olio su buona parte dell'Occidente, supportato anche dalla possibilità di avere informazioni e visioni di quanto accaduto istantaneamente tramite la rete Internet.

Bisogna anche evidenziare che tale urgenza estetica non è nuova alle Avanguardie Storiche del Novecento e sebbene non si voglia limitare l'ambito della Street Art a una semplice emanazione dell'extra artistico operato nel XX secolo, l'esigenza e l'attitudine comune alle generazioni operanti nel primo e nel secondo Novecento al "totale rifiuto" del classicismo istituzionale e a favore di un'immersione nelle pratiche e nell'atmosfere del fare e del vivere quotidiano "predispone" le testimonianze successive[14]. Le pratiche "distruttive" continuate dalle Neo Avanguardie degli anni Sessanta obbligano lo spettatore ad aspettarsi il ribaltamento percettivo, lo spaesamento linguistico e la decontestualizzazione critica in funzione di una continua aderenza al vissuto. Non è solo l'opera d'arte in sé che cambia, ma è anche la sua stessa processualità a mutare. L'ironia e il *non-sense* tipicamente dadaista, combinati con la dirompente e provocatoria vena distruttiva/ricostruttiva futurista e la "sconsacrazione" del prodotto estetico dell'Internazionale Situazionista sono elementi evidentemente riscontrabili anche in molte operazioni di Street Art che, consapevolmente o meno, hanno attinto da questo straordinario background culturale-artistico[15].

Quando, nel 1964, Marshall McLuhan scrive *Gli strumenti del comunicare*, prevede, nel delineare i caratteri della megalopoli elettronica del futuro, che il nuovo oggetto risultante della produzione di consumo di massa possa essere non più il possesso fisico delle cose, bensì l attività di apprendimento inteso come ricezione continua degli stimoli e degli impulsi offerti dalla nuova città e società. L'"uomo post-gutenberghiano" che si appresta a fruire delle strade della città come un "puro organismo rice-trasmittente", non è descritto come un soggetto in spostamento fisico-materiale piuttosto come una nuova identità in continua stimolazione percettiva. Come sostiene Daniel Bell in *The Coming of Post-Industrial Society: A Venture in Social Forecasting*, la società post industriale nella quale stiamo vivendo, è una società ad elevato quoziente informativo e partecipativo dal punto di vista socio-culturale ed è anche una società estetica in senso lato.

La pubblicità, il mercato e soprattutto ogni forma di comunicazione, sono stati profondamente influenzati da tutti questi cambiamenti: non è difficile immaginare come l arte abbia modificato i suoi metodi di approccio nei confronti di un nuovo pubblico dotato di un background culturale fino ad oggi sconosciuto. Siamo dinnanzi a un momento epocale in cui il Movimento (Writing) vive dei primi "tradimenti", della commistione con altri generi artistici, della possibilità di travalicare la disciplina stessa, rifiutandone addirittura il principio stesso della *tag* come passaggio fondamentale di un intervento che possa poi svilupparsi in una testimonianza più complessa e completa. Spesso non serve più la bomboletta: si preferiscono materiali e tecniche più antiche (e anche meno costose) come lo *sticker* (ovvero l'adesivo), il poster, lo *stencil*, il pennello, il rullo e le tinte cromatiche che discendono direttamente dai *murales* di antica tradizione[16].

Gli approcci iniziali sono dichiaratamente verso una ferma critica alla censura e la volontà di opporsi a un sistema generalizzato che sta ponendo sullo stesso piano realtà e culture differenti fra loro: tutti questi autori, quelli noti e quelli anonimi, si muovono sulla stessa traiettoria estetica di modificare l'approccio non solo al quotidiano, ma anche al modo di intendere e vivere la realtà che ci circonda. Il tratto distintivo, nonostante le innumerevoli personalità artistiche, è la volontà di scatenare il diverso, di muovere l'apatia della rassicurazione sociale, di insorgere in nome di una visione e di un pensiero personale che accomuni un collettivo. Le città si trovano così costrette a subire un'altra violenta e massifica "invasione", in cui non vi è una firma precisa di un passaggio singolo o collettivo, bensì slogan, disegni provenienti da una prolifera nuova generazione di fumettisti o illustratori, *hacker* della comunicazione visiva di massa. La "società dello spettacolo" a cui si riferisce Guy Debord è la stessa che spesso criticano molti di questi interventi tentando una sorta di rivolta visiva che mira più alle reazioni del pubblico generico piuttosto che una reale intenzione stilistica. È altrettanto vero che molti di questi sono poi divenuti veri e propri operatori culturali, ma sarebbe inesatto affermare che tutta la Street Art che si vede per le strade abbia al suo interno una consapevolezza artistica.

Eccoci finalmente giunti al caso specifico di Blu, un autore italiano molto particolare, riconosciuto a livello internazionale come uno dei massimi rappresentanti della *drawing art,* compresa nella famigerata etichetta Street Art[17]. L'Italia ha un legame a doppio filo con l'arte urbana e in particolar modo la città di Bologna ha visto da oltre trent'anni proliferare entro e fuori le mura del capoluogo teorie, studi e interventi di grande respiro culturale. Non è un caso che ciò che accaduto la notte tra l'11 e il 12 marzo 2016 proprio a Bologna, ovvero la cancellazione da parte di Blu di tutti i suoi interventi "spontanei" realizzati nel corso di quindici anni, ha irrimediabilmente creato uno spartiacque, oltre il semplice intervento autoriale, fra ciò che era accaduto fino ad allora e ciò di cui parliamo oggi. E non è un caso che la scelta di quella data porta in sé un valore aggiunto per la storia della città stessa.

«[…] Il Sindaco Dozza nel 1959 chiamò a sé un trentenne di nome Renato Zangheri – professore di Storia delle dottrine economiche dell'Università di Bologna. Quell'anno la città, prima in Italia, avrebbe creato un Assessorato per le Istituzioni Culturali cittadine e da lì, quel ragazzo che divenne a sua volta Sindaco, avrebbe impostato la cultura bolognese come oggi la conosciamo. A lui furono affidate tutte le istituzioni culturali storiche e a lui si deve la cultura "moderna" della Galleria d'Arte Moderna e della Cineteca, ma anche dei premi e delle manifestazioni artistiche, dei rapporti tra l'Università e gli altri enti culturali cittadini, cioè la creazione di quella trama di patrimonio e attività culturali che spiegano la vocazione contemporanea di Bologna rispetto a molte altre città d'Italia. Non è un caso che alla fine del 1970 l'Università decida di intraprendere a sua volta il primo esperimento in ambito accademico di un intero corso di laurea dedicato allo spettacolo e alle arti: il DAMS. L'Università aveva generato la visione politica al governo e ora la politica chiedeva all'Università di formare nuovi professionisti. Tre livelli di produzione culturale: accademica, artistica e politica, assolutamente complementari.

Si era arrivati a generare e far circolare una tale quantità di informazione specializzata e nuova, che il punto di rottura di quegli anni – che ha una data precisa, l'11 marzo 1977 – sarebbe diventato uno spartiacque dal quale ancora il meccanismo virtuoso stenta a riprendersi. Con l'uccisione di Francesco Lorusso, l'Università stessa getta la spugna davanti alla dirompenza di ciò che ha prodotto: quando il Rettore chiede l'intervento delle forze dell'ordine contro gli studenti equivale a far entrare in città un Governo che non vuole altro che ricondurre il fenomeno culturale e politico di Bologna all'interno dello schema nazionale. Il Comune tace. Per la prima volta Bologna non sa tradurre il proprio carico informazionale in termini politici. Si consuma una frattura tra *urbs* e *civitas*. Comincia una stagione di progressiva normalizzazione e decoro […]»[18].

Attraverso queste parole, e partendo da molto lontano, si comprende come il tessuto cittadino autoctono e l'altra parte della città, gli studenti universitari, hanno da sempre dato origine a un amalgama molto particolare, ricco certo di una propria grande tradizione, ma "affamato" anche di ciò che arriva da fuori e che timidamente si inserisce nello stesso tessuto. La storia di questa città, a partire dal Secondo Dopoguerra, si basa proprio su una volontà idealista più che ideologica, che vede nella costruzione di una rete di rapporti politici, economici, sociali e culturali le fondamenta di un bene comune espanso. Questo almeno nella volontà di alcune grandi figure che hanno voluto e portato Bologna a confrontarsi con un esterno sempre più allargato, proprio come il famigerato DAMS ha dimostrato, formando e preparando diverse generazioni di operatori culturali di vario genere.

Nel 1977 il Comune di Bologna, l'Accademia di Belle Arti e l'Accademia Clementina organizzano insieme una serie di conferenze sul tema *Perché continuiamo a fare e a insegnare arte?*. In tale occasione Umberto Eco, uno degli oratori, dichiara che «fare arte è una pratica che distrugge paradigmi» e, secondo lo storico dell'arte Renato Barilli: «l'operatore estetico non sarà più un produttore di oggetti che entrano nel circuito della merce, ma diventerà una specie di animatore, di allenatore della superficie estetica della comunità». Tali riflessioni convergono verso la dimostrazione che la sperimentazione avviene orizzontalmente e verticalmente, operando insieme, anche secondo paradossi e contraddizioni, in un momento culturale poche altre volte ripetuto. Bologna è stata anche l'unica città in Italia ad avere chiamato non solo le forze dell'ordine, ma i militari (con i rumorosi cingolati al seguito) per frenare l'onda contestatoria dei movimenti studenteschi del '77 che, proprio nel capoluogo emiliano, produssero un'esperienza multidisciplinare, estetica e unica nel suo genere[19]. Sono i famosi *Indiani metropolitani*, studenti che contestano e lottano per i propri diritti utilizzando però codici non solo legati alla politica, ma anche una moltitudine di intersezioni visive e linguistiche degne delle più oltraggiose Avanguardie Storiche.

La rabbia si unisce alla creatività, personale e collettiva, nella quale svelare un rinnovato modo di parlare, comunicare e unirsi al *no future* di altri contesti. Non c'è futuro, non c'è molto di cui andare fieri, e parte della comunità civile si mobilita per fermare la dissoluzione in corso[20]. Al "gioco" iniziato dalle Neo Avanguardie degli anni Sessanta si aggiunge il *non-sense* linguistico che inizia a crescere sui muri delle varie città italiane: Bologna accoglie, bonaria quanto inconsapevole, l'atteggiamento rinnovato del sarcasmo, della disperazione repressa, dello scollamento fra pubblico e privato e della sfiducia nella società. Ciò che si mostra, e si sviluppa sulle rosse pareti bolognesi, è un'ironia contagiosa che vede nei vari slogan dipinti una vaga ipotesi di speranza[21].

Da quel primo vagito postmoderno, subito azzittito nel peggiore dei modi, parte una nuova occasione per i ventenni di allora di operare su vari livelli, su varie espressioni, su varie urgenze che coinvolgano in un solo ritmo esperienziale un'intera generazione. Anche a questi bacini si devono, insieme al lavoro come docente nell'allora Dipartimento delle Arti Visive, le testimonianze critiche di Francesca Alinovi, l'unica al tempo ad avere riconosciuto nella disciplina del Writing di New York City[22], non solo un'esperienza underground, ma una vera e propria corrente artistica, pronta a scardinare i confini dell'allora sistema dell'arte[23].

Nel 1984, a un anno dalla morte della giovane critica d'arte, la Galleria d'Arte Moderna di Bologna realizza in sua memoria *Arte di Frontiera. New York Graffiti*, riconosciuta come una delle prime esperienze museali europee di questo movimento poco indagato in ambito critico e teorico. Una città, Bologna, che vede da un lato l'abitudine ordinaria agli interventi murali di vario genere da diversi decenni e dall'altro la difficoltà di districarsi fra ciò che è considerato anche oggi vandalismo grafico e ciò che può essere ristabilito entro i "confini" della testimonianza artistica. In questo terreno complesso e stimolante Blu ha iniziato il suo percorso a partire dal 1999, operando nei primi anni proprio a Bologna e utilizzando la città inizialmente come palestra e in seguito incrementando qualità e dimensioni dei lavori. Blu studia all'Accademia di Belle Arti, muove i primi passi in bilico fra

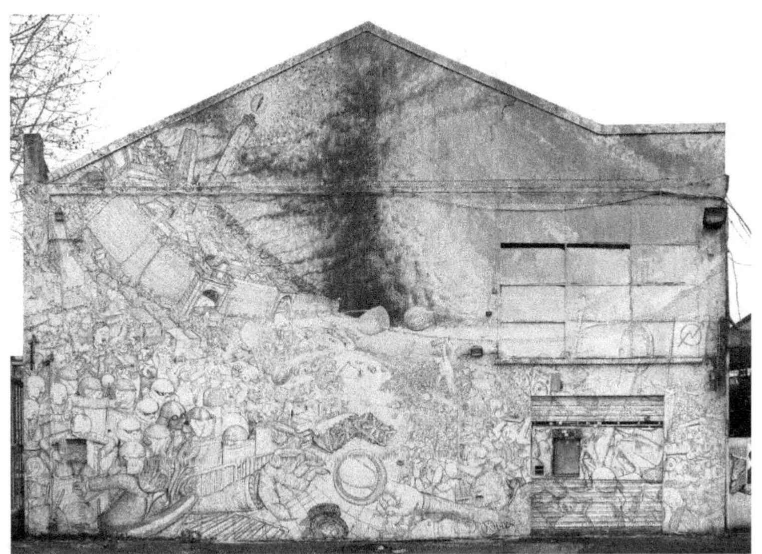

Blu, XM24, via Fioravanti, Bologna 2013

l'autogestione del proprio lavoro e qualche esperienza più strutturata entro lo stesso sistema dell'arte che ora lo richiede più che mai, ma definirlo un artista nel senso classico del termine è del tutto sbagliato: non solo per la modalità in cui interviene ma anche e perché negli ultimi anni, e dopo alcune esperienze istituzionali non proprio soddisfacenti, il suo lavoro si è diretto in un altro ambito, attivo e reattivo a un sistema che in origine lui stesso non riconosce né utilizza[24].

Nel frattempo però non si può negare il grande talento che questo autore ha nei confronti dei riferimenti visivi che quotidianamente riporta nei propri interventi non solo pittorici, tanto da essere considerato uno dei migliori esempi di arte urbana internazionale[25]. E qui il gioco inizia a farsi complesso: perché oltre le scelte dell'autore, oltre le sue dichiarate avversioni per l'ambito sistematico dei suo interventi, oltre l'affascinante prospettiva di anonimato (che rende il personaggio molto seducente, ma intrappola la persona), quel mondo che lo cerca e lo chiama vuole ordinarlo, gestirlo, coordinarlo, anche oltre la stessa volontà dell'autore.

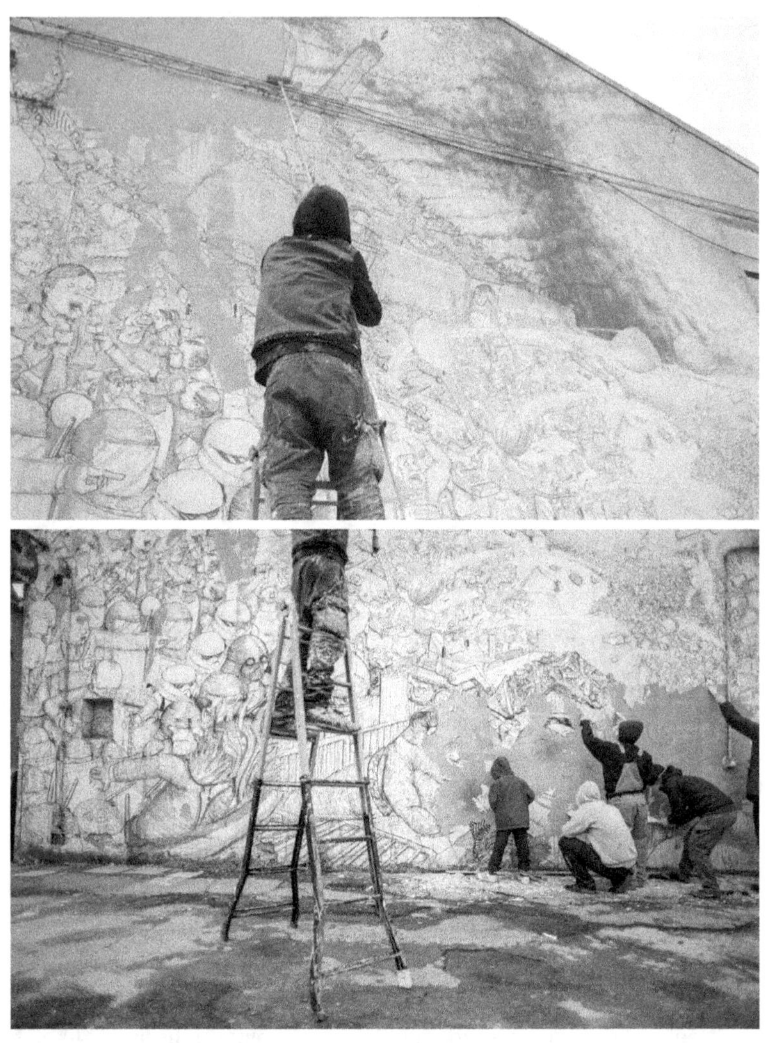

Cancellazione della facciata dell'XM24, via Fioravanti, Bologna 2016

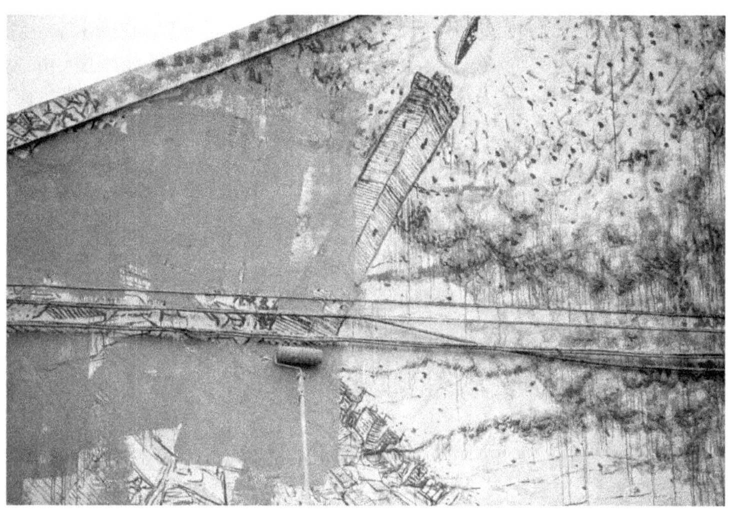

Dettagli della cancellazione della facciata dell'XM24, via Fioravanti, Bologna 2016

In occasione della mostra *Street Art – Banksy & Co. L'arte allo stato urbano,* organizzata a Palazzo Pepoli dal 18/03/2016 al 26/06/2016 i giornali locali a partire dal dicembre 2015 annunciano la grande impresa museale, il coinvolgimento di varie realtà e la possibilità di potere vedere opere murali di Blu, strappate non solo alla loro naturale distruzione, ma letteralmente riposte su di un supporto in grado di potere "lasciare ai posteri" testimonianze altrimenti perdute[26].

L'anno 2016 per la città di Bologna inizia con un ping pong comunicativo in cui la stampa locale cerca coloro che si ritengono pro e coloro che sono contro l'ipotesi di "gestire" un intervento di questo tipo come un qualsiasi altro esempio di "salvaguardia pittorica" degna delle più importanti testimonianze medioevali e moderne. Non tenendo conto di tutto ciò che il Novecento ha cercato di svolgere e motivare anche attraverso scelte ben precise e partendo dall'unico presupposto imprescindibile dell'autodeterminazione temporanea ed effimera, gli organizzatori della mostra hanno scelto di operare in totale autonomia.

Una complessa, molteplice e variegata ricerca svolta in tutto il corso del secolo appena trascorso viene difatti completamente annullata alla luce di un tempo, quello attuale, in cui tutti (nessuno escluso) devono sottostare alle "regole" del sistema dell'arte, della conservazione e della preservazione molto urgente di un ambito in continuo cambiamento.

La storica dell'arte statunitense Miwon Kwon nel saggio del 2002, *One Place after Another* dopo anni di studio nei confronti dell'arte pubblica e in particolar modo della Land Art, giunge a tracciare una vera e propria genealogia del *site specific,* ovvero l'ambito di tutte quelle pratiche che, proprio a partire dalle Avanguardie Storiche e poi consolidate con le Seconde Avanguardie, si sono "stabilite" entro un delicato confine di realizzazione e distruzione, in una zona di frontiera in cui l'intervento ha la sua stessa ragione di essere[27] e di esistere per un preciso momento, per un certo lasso di tempo e in un luogo scelto non a caso[28]. Kwon parla di una pratica contemporanea che deve essere intrapresa, dallo studioso come anche dallo spettatore casuale, come una vera e propria sfida epistemologica in grado di trasferire il potere evocativo e comunicativo insito nell'intervento estetico alle contingenze del suo contesto di riferimento. Il soggetto estetico, da vecchio modello cartesiano, si trasforma perciò in una rappresentazione di esperienza vissuta che solo nel momento in cui ha origine, si svolge e resta in stretto dialogo con il luogo e la sua realtà (inteso proprio come sito) si delinea come un campo di conoscenza, scambio intellettuale, o dibattito culturale.

Questo punto di vista teorico richiede da parte del fruitore un sacrificio strutturato che lo vede coinvolto non solo nell'esperienza dell'intervento dell'autore, ma anche nel comprendere che ciò a cui si sta partecipando porta intrinsecamente in sé un concetto di durata temporanea, reale e contingente solo se fruita nel sito originale. Secondo tale riflessione, da molti in realtà condivisa, la Street Art ha la sua "piena ragione di esistere e di essere considerata tale" solo se fruita come esperienza fenomenologica conseguente ed adiacente allo stesso contesto, fatto per soddisfare il luogo in cui è stato realizzato e privo di valore se spostato, trasferito o modificato. L'unico reale futuro di questa tipologia di opere è la loro distruzione, a volte pianificata dall'autore: per questo spesso si parla non solo di *site specific* ma anche di *site oriented* inteso come scelta cosciente da parte di coloro che operano in strada, tentando di "lasciare" tali intenti privi delle logiche contestuali alla istituzionalizzazione, alla musealizzazione e alla ipotetica commerciabilità degli stessi interventi.

In questa prospettiva, con una modalità da reale attivista politico, Blu considera buona parte degli interventi che realizza in lotta o in contrapposizione ai vari sistemi locali (diritto alla casa, lotta di autogestione, libero utilizzo delle piattaforme tecnologiche). Solo in quei casi, e solo con l'aiuto di un supporto economico per i materiali pittorici da utilizzare, Blu sceglie di sottoscrivere la battaglia di un singolo gruppo legato a un singolo territorio, consapevole che la notorietà e il rispetto acquisito nel corso degli anni possano ridisegnare le sorti di una precisa attività anche in nome della sua presenza. Non si parla mai di riqualificazione urbana, non vi è partecipazione o collaborazione con le istituzioni, ma solo l'urgenza di "accentuare" una situazione di emergenza sempre più comune a molte città. In occasione di un anniversario che la città ricorda ancora dopo molti anni, ovvero l'uccisione dello studente Francesco Lo Russo durante le lotte studentesche del 1977, la notte fra l'11 marzo e il 12 marzo 2016[29], Blu, con la collaborazione di alcuni centri sociali autogestiti quali Crash e XM24 (sulle cui pareti lui stesso aveva già dipinto in svariate occasioni), sceglie di ricoprire (e di conseguenza privare alla visione del pubblico) tutti i propri interventi realizzati nel corso degli anni. Sceglie il colore grigio a testimoniare una volontà precisa, indubbiamente sofferta, ma contestuale a ciò che ha sempre dimostrato. Niente di nuovo quindi, in realtà un'operazione già realizzata nel dicembre del 2014 a Berlino[30], ma vista da una parte della popolazione bolognese come un oltraggio, come un atto di puro egoismo, come una dichiarazione di guerra non solo verso organizzatori e curatori della mostra[31].

Con un solo secco pensiero da lui stesso scritto poche ore dopo l'azione "A Bologna non c'è più Blu e non ci sarà più finché i magnati magneranno. Per ringraziamenti o lamentele sapete a chi rivolgervi", la città si ritrova con una mostra temporanea che include alcuni strappi realizzati in attesa di sapere dove verranno collocati o a chi lasciati, e diversi muri già ampiamente ricoperti da altri writers o muralisti più o meno consolidati, come è naturale che accada proprio in quelle strade che freneticamente cambiano aspetto in funzione di un naturale procedere del panorama urbano. Da un lato quindi coloro che poco si interessano della volontà dell'autore, tenendo conto solo di ciò che possa tornare utile anche in un'ipotesi di "appropriazione indebita" vista la notorietà di Blu, e dall'altra coloro che, sebbene dispiaciuti del gesto ma consci della storia e della cultura nichilista propria di questa città, hanno tentato un'elaborazione più complessa, oltre il proprio "godimento visivo" dato.

Certo, se si intendono i dipinti murali di Blu come "doni" di cui la città può servirsi in modi sempre differenti in base alla necessità del momento, allora bisogna anche tenere conto che gli stessi "doni" potrebbero essere segnati, rimarcati o deviati dagli stessi autori che li hanno messi in opera, partendo dal presupposto che ora più che mai, lo stesso concetto di destinazione d'uso e le conseguenti declinazioni, il dono e il mercato, sono intrinsecamente legati alle pratiche di cui si sta parlando. Di certo una scelta potente, affatto neutra (esattamente come dimostra di essere attraverso le proprie scelte operative lo stesso Blu) che agisce là dove c'è un nervo scoperto, o per meglio dire un ambito della cultura visiva né compresa, né tutelata che è quella che appartiene alla tutela del patrimonio culturale[32].

Il gesto di questo autore è da intendersi sul lungo corso e ricorso della storia dell'arte che è in parte anche una storia di scelte (anche discutibili) sulla permanenza o distruzione delle testimonianze prodotte nel corso dei secoli. Ritengo importante sottolineare che il "dibattito" generato dal gesto di Blu non abbia solo a che vedere con l'eterno dilemma dell'istituzionalizzazione, della sua conseguente speculazione economica e dell'approccio politico così tanto generalizzato. Tale azione fa riemergere il contradditorio, il paradosso insito nella nostra contemporaneità sulla possibilità che la base di partenza per una parte dell'attuale prassi estetica sia anche la sua ipotetica distruzione. Tra i tanti motivi per cui diviene scomodo interagire scientificamente sull'intervento postmoderno di varia natura culturale vi è anche quello di generare un'aporia dell'oggetto estetico, partendo dal presupposto che le stesse processualità del fare moderno sono già state ampiamente discusse e sovvertite dalle Avanguardie Storiche e che quindi tali regole non possono essere messe addosso a un abito che non vuole essere tale. L'intervento "concettuale" apportato sui propri lavori dallo stesso autore sottolinea il falso verbo della "tutela del patrimonio culturale" e lo svuotamento di senso generato nel momento in cui non si tiene conto (così come dovrebbe essere quando si analizza un sito culturale più ampio) del contesto che lo genera, lo supporta e lo ospita. Perché di ospitalità si tratta, la stessa che può essere negata dal padrone di casa o dall'ospite quando il ricevimento smette di essere tale.

Richiamare l'attenzione solo nell'istante in cui il "dono" non c'è più, alimentando il disordine, l'inevitabile spaesamento generato da un gesto così violento e distruttivo e richiamando l'attenzione dell'opinione pubblica solo sui tratti egoisti dell'autore, significa anche omettere lo stesso atteggiamento da parte di coloro che hanno "smosso" tale reazione[33]. La pratica iniziale, così applaudita e cercata, di intervento murale in quanto disobbedienza urbana diventa qui disobbedienza estetica verso una sottomissione e un'accettazione delle regole a cui tutti noi siamo tenuti a sottostare. Una sorta di ricatto dell'intervento verso la comunità che non solo l'ha prodotto ma anche verso la comunità che poi ne fruisce[34]. In questa occasione l'azione è più importante del risultato: una parte dei cittadini bolognesi che non sapevano prima dove erano gli interventi di Blu continuano a non saperlo ora, perché buona parte delle coperture con il grigio sono diventate fondali neutri su cui altri sono già intervenuti.

1. Fabrizio Federici, *Distopia presente e utopie del passato. Retoriche del patrimonio nell'Italia contemporanea*, in Alfabeta2, n. 26, a. III, febbraio 2013, p 11

2. L'utilizzo del termine "decoro" in contrapposizione al termine "degrado" è spesso legato alle azioni intraprese dalle amministrazioni pubbliche nella gestione e nella progettazione degli spazi urbani

3. Per una definizione del termine "ornamento" soprattutto in antitesi con la "decorazione" si veda lo storico saggio di Adolf Loos, *Ornamento e delitto* del 1908 e il successivo dibattito

4. Si preferisce qui usare il termine Writing a scapito del più comune e famoso Graffiti perché è importante sottolineare che la parola Graffiti fu inizialmente utilizzata dai mass media per identificare e "avvertire"

l'opinione pubblica dei tanti attacchi scritti su muro prima con pennarello poi anche con la bomboletta spray nelle strade americane. Urge anche ricordare che l'ambito del Writing nulla ha a che vedere e fare con gli antichi graffiti dell'epoca primitiva se non per la necessità di lasciare una propria presenza sui muri. Ma è altrettanto vero che i muri su cui operano i writers sono inizialmente i vagoni della metropolitana e poi i muri interni ed esterni inseriti in un preciso piano territoriale. Inoltre il Writing ha più a che vedere con l'origine anglofona del termine (scrittura) perché spesso le lettere sono le capofila di questi tipi di interventi. Da qui ancora è altrettanto importante ricordare le varie derivazioni interne come il Lettering si allargano a ulteriori interventi come i Puppets (ovvero testimonianze figurative prelevate dal mondo televisivo, del fumetto e dell'immaginario collettivo di ultima generazione. Cfr. M. Cooper - H. Chalfant, *Subway Art,* Thames & Hudson, Londra 2009 (1984); Norman Mailer, *The Faith of Graffiti,* HarperCollins, New York 2009 (1974); Daniela Lucchetti, *Writing. Storia, linguaggi, arte nei graffiti di strada,* Castelvecchi, Roma 1999; Alessandro Mininno, *Graffiti Writing: origini, significati, tecniche e protagonisti in Italia,* Mondadori, Milano,2008

5. Il termine Street Art non è mai stato né promosso né supportato dagli attivisti della prima guardia; un'etichetta, al contrario, subito utilizzata dai mass media che, solo per la presenza nella suddetta strada, hanno superficialmente inserito al suo interno tutti coloro che operavano nello spazio pubblico. Cfr. *The best 10 Street Artworks* in The Guardian, 7 agosto 2011, https://www.theguardian.com/culture/gallery/2011/aug/07/art; C. Lewinson (a cura di), *Street Art. The Graffiti Revolution,* Abrams, New York 2008; Anna Waclawek, *Graffiti and Street Art,* Thames & Hudson, Londra 2011

6. J. Kimvall, *Back in the days*, in *The G - World. Virtuosity and Violation, Negotiating and Transforming Graffiti,* Document Press, Arsta, Svezia, 2014

7. Il movimento del Writing ha nei suoi aspetti tecnici, stilistici, esecutivi ed espositivi tutte le caratteristiche per essere definito disciplina con un lessico, delle regole e un preciso sistema interno che richiede allenamento, esercizio, comprensione e conoscenza degli altri autori operanti al suo interno. Senza questo la sua codifica, la sua analisi e la sua riconoscibilità risulta molto complessa fuori dagli stessi meccanismi interni

8. Phase2 in AA.VV, *Style: Writing from Underground. (R) evolution of Aerosol Linguistics*, Stampa Alternativa in Association with IGTimes, Terni 2008 (1996)

9. In ambito accademico bolognese è stata condotta una ricerca sociologica sulla percezione del pericolo derivata dalla presenza di graffiti sui muri raccolta in Carla Landuzzi, *L'inquietudine urbana. Tre percorsi per leggere il cambiamento,* FrancoAngeli, Milano 1999

10. Cfr. *Taki 183,* In The New York Times, 21 luglio 1971, http://www.nytimes.com/1971/07/21/archives/taki-183-spawns-pen-pals.html; City and State Anti-Graffiti Legislation, New York City Graffiti Laws http://www.nyc.gov/html/nograffiti/html/legislation.html

11. Non si dimentichi che la bomboletta spray contiene cloro fluoro carburi responsabili, fra gli altri, dell'effetto serra. Alcuni operatori di prima generazione legati alla Street Art hanno scelto eticamente di utilizzare altri materiali e strumenti meno impattanti

12. Cfr. J. Sen, P. Waterman, *World Social Forum: Challenging Empires,* BlackRose Books, Montreal, 2007 (2004)

13. Un esempio europeo e uno americano che operano a cavallo del XX secolo e del XXI secolo, senza volere in questa sede omettere altri casi molto importanti ma meno noti al grande pubblico. Cfr. F. Naldi, *Do the right Wall,* Edizioni MAMbo, Bologna, 2010

14. Cfr, F. Naldi - C. Musso, *Frontier. The Line of Style,* Damiani, Bologna, 2013

15. Cfr. Stewart Home, *Descent into the Street,* in *Frontier. The Line of Style,* op.cit. 2013

16. Cfr Antonio Rodriguez, *Arte murale nel Messico,* Edizione La Pietra, Milano 1967

17. Si vedano i miei testi *BLU=BLU,* testo introduttivo alla mostra personale presso la Galleria Patricia Armocida, Milano 2008, e *Profondamente Superficiale,* in A. Bruciati (a cura di), *OnAir08: video in onda*

dall'Italia, Silvana Editoriale, Milano 2008, entrambi presenti in questo volume

18. Chiara Galloni, *Bologna come mente, tra tradizione e tradimenti,* in M. Busacca - L. Rubini (a cura di), *Venezia chiama Boston. Costruire cultura, innovare la politica.* Ed. Marcianum Press, Venezia 2016

19. Egeria Di Nallo, *Indiani in città,* Cappelli Editore, Bologna 1977; Mario Maffi, *La Cultura Underground,* Laterza, Roma-Bari 1973; Autori molti compagni, *Bologna marzo 1977... fatti nostri,* Bertani Editori, Bologna 1977

20. L'anno è lo stesso di *No Future (God save the queen)* dei Sex Pistols

21. Fabiola Naldi, *La mia strada continua e vive oggi più di prima. Il Writing a Bologna dalla fine Settanta a Oggi,* in P. Pieri - C. Cretella, *Atlante dei movimenti culturali contemporanei dell'Emilia Romagna 1968-2007. Scritture, Arti, Controculture,* Clueb, Bologna 2007

22. Francesca Alinovi, *Arte di Frontiera,* Flash Art, n. 107, 1982

23. Fabiola Naldi, *Francesca Alinovi e l'arte sua,* in M. Pozzati (a cura di), *Artiste della Critica,* Corraini Edizioni, Mantova, 2015

24. Pensiamo all'esperienza alla Tate Modern nel 2007 e al MOCA di Los Angeles nel 2010 http://articles.latimes.com/2010/dec/15/entertainment/la-et-moca-mural-20101215

25. Si vedano le sue realizzazioni video in stop motion in www.blublu.org o su https://www.youtube.com/channel/UCAdNgT3ZKKZFV1FR5s8lkiA

26. Qui una minima rassegna stampa web sull'argomento: http://www.artribune.com/2016/01/bologna-street-art-mostra-polemica/; http://corrieredibologna.corriere.it/bologna/notizie/cronaca/2015/28-dicembre-2015/murales_mostra_dibattito-2302382697275.shtml; http://bologna.repubblica.it/cronaca/2016/01/05/foto/street_art_quei_graffiti_strappati_per_una_mostra_al_museo_polemica_a_bologna-130645497/1/#; http://corrieredibologna.corriere.it/bologna/notizie/cultura/2016/6-gennaio-2016/intervista_roversi_graffiti-2302417833760.shtml

27. Di essere quindi solo documentata secondo altri dispositivi fortunatamente a nostra disposizione

28. Cfr. Jane Rendell, *Art and Architecture: a Place Between,* I.B. Taurus, Londra 2007; Jane Rendell, *Site-Writing: The Architecture of Art Criticism,* I B Tauris & Co Ltd, 2010; Claire Bishop, *ARTIFICIAL HELLS. Participatory Art and the Politics of Spectatorship,* Verso Books, London 2012; Claire Bishop, *Participation,* Whitechapel/MIT Press, London 2006

29. Wu Ming, *Street Artist #Blu Is Erasing All The Murals He Painted in #Bologna,* Giap, 12 marzo 2016 http://www.wumingfoundation.com/giap/2016/03/street-artist-blu-is-erasing-all-the-murals-he-painted-in-bologna

30. Blu, *When the Finger Points to the Moon...,* 12 dicembre 2014, http://blublu.org/sito/blog/?p=2524

31. Michele Smargiassi, *Blu cancella tutti i suoi murales: "No alla street art privatizzata",* La Repubblica Bologna, 12 marzo 2016 http://bologna.repubblica.it/cronaca/2016/03/12/news/bologna_graffiti-135303806

32. Enrico Gullo, *Questo murales vi seppellirà,* Prismo, 18 marzo 2016, http://www.prismomag.com/questo-murales-vi-seppellira

33. L'atteggiamento di rifiuto da parte di questo autore potrebbe essere anche identificato nell'antica pratica del *Potlach* - una cerimonia che si svolge tra alcune tribù di Nativi Americani della costa nordoccidentale del Pacifico degli Stati Uniti e del Canada. Il *Potlach* assume la forma di una cerimonia rituale che tradizionalmente comprende un banchetto a base di carne di foca o di salmone, in cui vengono ostentate pratiche distruttive di beni considerati "di prestigio". *Potlach* è anche il nome del bollettino internazionale Lettrista (pubblicato a partire dal 1954) e pratica concettuale spesso utilizzata da Isidore Isou prima e dai Situazionisti dopo.

34. David Freedberg, *Il potere delle Immagini,* Einaudi, Torino, 2009

Tracce di Blu
di Fabiola Naldi

postmedia books 2020
84 pp. 37 ill.
isbn 9788874902958

Questo è l'undicesimo titolo della collana Sartoria editoriale, diretta
da Varinia Poggiagliolmi per ArtCityLab.
Le prime dieci copie sono realizzate artigianalmente nella sede di
Sartoria editoriale in Milano, dove sono a disposizione del pubblico.
Altre 460 copie sono state realizzate in edizione limitata per i normali
canali di distribuzione.

limited edition of 460 copies

nella stessa collana

10 Valerio Rocco Orlando | Uno alla volta. Comunità e partecipazione

9 Eugénie Paultre | 5 conversazioni con Hans-Ulrich Obrist

8 Marco Petroni | Il progetto del reale

7 Stefano Castelli | Radicale e radicante

6 Manuela Piccolo | Indisciplinata+

5 Frances Richards | Gordon Matta-Clark e le politiche dello spazio condiviso

Finito di stampare nel mese dicembre 2020
presso *Sartoria editoriale*, Milano

Postmedia Srl
Milano
www.postmediabooks.it